Thomas Doepner
Marina Keip
Stephanie Kurczyk

Die wichtigsten digitalen Tools

für alle Handlungssituationen im Unterricht

Latein

Einsatzmöglichkeiten für Texterschließung, Übersetzung und Interpretation

Cornelsen

Autoren:

Dr. Thomas Doepner ist Ausbildungsdezernent bei der Bez. Reg. Düsseldorf und hat die Fächer Latein und Geschichte.

Marina Keip ist Fachleiterin für Latein am ZfsL Duisburg, sie hat die Fächer Latein und Mathematik. Sie unterrichtet am Mannesmann-Gymnasium in Duisburg.

Dr. Stephanie Kurczyk ist Fachleiterin für Latein am ZfsL Krefeld, sie hat die Fächer Latein und Französisch und unterrichtet am Städtischen Meerbusch-Gymnasium.

Redaktion: Katia Simon, Essen
Umschlaggestaltung: Corinna Babylon, Berlin
Illustrationen (Cover): Shutterstock.com/karnoff
Screenshots S. 17, 19, 25, 29, 35, 39, 45, 47: © LearningApps.org
Alle übrigen Abbildungen: © bei den Autor*innen
Layout und technische Umsetzung: krauß-verlagsservice, Ederheim/Hürnheim

www.cornelsen.de

1. Auflage, 2. Druck 2021

Druck: H. Heenemann, Berlin

ISBN 978-3-589-16720-3

PEFC/04-31-1156

PEFC zertifiziert
Dieses Produkt stammt aus nachhaltig bewirtschafteten Wäldern und kontrollierten Quellen.

www.pefc.de

INHALTSVERZEICHNIS

Lateinunterricht in der digitalen Welt

Computer und Internet werden seit ihrer Erfindung von Lateinlehrer*innen genutzt. Gerade für Altphilologen ist der Einsatz von Computer und Internet höchst sinnvoll, denn jedes Lexikon ist nichts anderes als eine Datenbank. Die analogen Werkzeuge, wie die beiden Bände des Neuen Georges, den Kleinen Pauly und weitere, ersetzt heute ein Laptop mit Internetzugang (z. B. Webseite von zeno.org). Auch bei der Vorbereitung des Unterrichts nutzt man das Internet, um an Texte, Bildmaterial oder Hintergrundinformationen zu kommen. Ebenso die Schüler*innen, die Vokabeln nachschlagen (z. B. Webseite von frag-caesar), Übersetzungen suchen (z. B. Webseite von Lateinheft) und über Messenger (z. B. WhatsApp oder Telegram) ihre Hausaufgaben austauschen.

Neu ist dagegen die Möglichkeit, dass Schüler*innen jederzeit und völlig selbstständig, z. B. mit dem Smartphone, mit digitalen Medien arbeiten können. Die damit bedingten Möglichkeiten zur Information, Kommunikation, Kollaboration, zur Ergebnispräsentation und zum Dateizugriff über Cloud-Dienste ermöglichen völlig neue Formen des Lernens und Lehrens in der digitalen Welt. Didaktisch und erzieherisch ist es daher unumgänglich, auch im Lateinunterricht den Einsatz digitaler Werkzeuge vorbildhaft durchzuführen.

Leitidee: Handlungssituationen des Lateinunterrichts

Dieses Buch macht konkrete und leicht umsetzbare Vorschläge für den Einsatz digitaler Werkzeuge im Lateinunterricht. Lateinlehrer*innen finden hier Anregungen, die ihnen den Einstieg in die Arbeit mit digitalen Werkzeugen erleichtern oder ihnen helfen, ihr schon vorhandenes Repertoire zu erweitern. Leitidee des Buches ist es, von typischen Situationen des Fachunterrichtes auszugehen. Jedes vorgestellte Werkzeug wird an einen spezifischen fachlichen Kontext angebunden, in dem es eine Bereicherung für das Lernen der Schüler*innen darstellt. Anders als herkömmliche Auflistungen wird hier von den grundlegenden Handlungssituationen des Lateinunterrichts ausgegangen: Texterschließung, Wortschatzarbeit, Spracharbeit, Übersetzung, Interpretation, Res Romanae. Das Buch gibt eine fachspezifische Zusammenstellung von digitalen Tools.

Was verstehen wir unter „digitalen Tools"?

Digitale Tools umfassen zum einen Programme (Apps), mit denen Lernende einen vorgeschriebenen Lernpfad nachvollziehen und durch automatische Fehlerkontrolle ein unmittelbares Lernfeedback erhalten. Anders als die Lernprogramme zum Vokabellernen und „Formenklopfen" in der Vergangenheit können Schüler*innen mit diesen Tools selbst kleine Übungen, Lernprogramme oder Lernvideos erstellen. Zu den digitalen Tools gehören aber auch Anwendungen (Apps), die die Interaktion zwischen mehreren digitalen Endgeräten ermöglichen und damit die Kommunikation und Zusammenarbeit zwischen Lernenden und Lehrenden erleichtern.
Auch Suchmaschinen, wie Startpage, DuckDuckGo oder Google, sind inzwischen als App verfügbar und für die Recherchearbeit unumgänglich.
Die Voraussetzung für die Anwendung digitaler Tools sind mobile digitale Endgeräte für die Anwendenden (Tablets, Laptops) sowie ein Internetzugang für die mobile Interaktion der Geräte. Viele Beispiele lassen sich auch mit einem Smartphone durchführen, sodass auch niedrigschwellige Nutzungskonzepte von Schulen (BYOD – Bring your own Device) genügen.
Für das selbstständige Lernen in Lernzeiten ist es wünschenswert, das Material über Lernplattformen wie Moodle zur Verfügung zu stellen; es genügt aber auch, den Link oder den QR-Code per E-Mail zu verschicken oder auszudrucken. Der Zugang zu den in diesem Buch vorgestellten digitalen Tools ist zunächst kostenfrei, zum Teil handelt es sich allerdings um Versionen mit eingeschränkter Funktionalität. Für die Erweiterung des Funktionsumfangs können Kosten entstehen.

Worin besteht der Mehrwert der digitalen Tools?

Digitale Tools eröffnen neue Möglichkeiten des Lernens und Lehrens. Sie haben, richtig eingesetzt, einen Mehrwert gegenüber analogen Medien und Methoden. Sie erhöhen den Lernertrag, indem …

- das Lernen schneller (z. B. bei der automatischen Korrektur) und einfacher erfolgt,
- die Selbstständigkeit der Schüler*innen erhöht wird,
- Kooperation und Kollaboration ermöglicht werden und
- insgesamt die Partizipation der Schüler*innen am Lateinunterricht gefördert wird.

Die Schüler*innen lernen anders, sie erweitern ihre fachliche Kompetenz und ihre Fähigkeiten zum fach- und zielgebundenen Umgang mit digitalen Medien.

Legitimationsrahmen für digitale Tools

Der Einsatz digitaler Tools zielt auf eine gesteigerte Lernwirksamkeit des Unterrichts. Daher wird bei den Beispielen in diesem Buch das fachliche Lernziel des Einsatzes an erster Stelle genannt. Dieses orientiert sich an den Vorgaben der Lehrpläne.
Der Einsatz digitaler Werkzeuge eröffnet auch neue Möglichkeiten des Lehrens und Lernens. Die hiermit verbundenen Ziele werden ebenfalls bei den jeweiligen Beispielen aufgeführt. Der grundlegende Orientierungsrahmen für Begriffe, Ziele und Kategorien ist dabei die Strategie der Kultusministerkonferenz „Bildung in der digitalen Welt" (siehe Webseiten der KMK). Unterhalb dieser obersten Normebene gibt es verschiedene Modelle, die Einzelaspekte des Lehrens und Lernens mit digitalen Werkzeugen thematisieren und deren Kenntnis bei einer Erörterung der Chancen und Herausforderungen nützlich ist (z. B. SAMR-Modell, 4K-Modell). Ein nützlicher erster Überblick dazu findet sich z. B. online bei Vedducation unter dem Stichwort „Modell".

Routinebildung bei Schüler*innen – Methodenübergabe

Zu jedem Lernerfolg gehört die Methodenübergabe an die Schüler*innen. Methodenkompetenz erwirbt man durch Tun, nicht durch einmalige Anweisung. Man muss immer überprüfen, ob man selbst einen Lernprozess anleitet oder ob es sich anbietet, hier die Schüler*innen ganz oder teilweise selbst in die Verantwortung zu bringen. Daher wird in diesem Buch immer wieder auf mögliche Varianten hingewiesen. Es versteht sich jedoch von selbst, dass zu Beginn des Einsatzes eines digitalen Tools eine gemeinsame Erprobung im Unterricht stehen sollte.

Ist aber die Methodenübergabe für die sogenannten „Digital Natives“, also die Schüler*innen, überhaupt nötig? Wir sagen eindeutig Ja, denn diese sind vielleicht besonders flink im Umgang mit den Smartphones, aber in der Regel brauchen sie Unterstützung, wenn es darum geht, strukturelle Zugänge zu finden oder sich kritisch mit den Grenzen und Gefahren eines Tools auseinanderzusetzen. Zur Methodenübergabe gehört also die Fähigkeit zur kritisch-reflexiven Nutzung.

Möglichkeiten zum Umgang mit dem Buch

Das Buch zeigt grundlegende didaktische Problemstellungen des Lateinunterrichtes auf und schlägt Lösungen mithilfe digitaler Tools vor. Da es von fachlichen Handlungssituationen ausgeht, kann man es sowohl von vorne bis hinten durcharbeiten wie auch einfach als Nachschlagewerk benutzen. Das gegliederte Inhaltsverzeichnis ersetzt das Register. Ziel des Buches ist es, Mut zu machen, selbst digitale Tools im Unterricht anzuwenden und damit zu experimentieren.

ÜBERSICHT ÜBER DIE WICHTIGSTEN VORGESTELLTEN TOOLS

Es gibt eine Vielzahl von digitalen Tools, die im Unterricht eingesetzt werden können. Die folgenden Seiten liefern einen **systematischen Zugriff auf die komplexeren Tools**, die in dem Buch vorgestellt werden. Weitere sind bei den Handlungssituationen mit angeführt. Anschließend erfolgt ein Überblick über alle digitalen Tools in diesem Buch, **gegliedert nach zentralen Grundfunktionen des Lernens**.

LearningApps.org

Die Plattform „LearningApps.org“ ist eine Zusammenstellung kostenloser Lernübungen (z. B. Zuordnungen und Kategorisierungen, Wortgitter, Hangman, Quiz und Multiple-Choice). Es gibt 20 Aufgabenformate, die ständig erweitert werden. Die Plattform ist im Rahmen eines pädagogischen Forschungsprojektes entstanden. Täglich entstehen neue Anschauungsbeispiele zu allen Unterrichtsfächern.

Funktion und Anwendungsmöglichkeiten im Lateinunterricht

Lehrkräfte wie Schüler*innen können mithilfe der App mit wenig Aufwand interaktive Lernbausteine zu allen Bereichen des Lateinunterrichtes (Texterschließung, Übersetzung, Wortschatzarbeit, Spracharbeit, Interpretation und Stilmittel sowie zu Res Romanae) erstellen. Die Übungen lassen sich in Lernplattformen (z. B. Moodle) einbauen.

Hinweise zur Arbeit mit der Software

Unter dem Suchbegriff „Apps durchstöbern“ → „Latein“ findet man eine Vielzahl von fertigen Übungen. Wählen Sie dort die Übung, die geeignet erscheint (indem Sie mit dem Cursor über die Übungen fahren, wird eingeblendet, um welchen Übungstyp es sich handelt), und wählen Sie unterhalb der Maske die Option „ähnliche App erstellen“. Folgen Sie den Hinweisen, füllen Sie alle Felder wie in der ausgewählte Beispiel-App aus (Titel, Aufgabenstellung usw.). Sie können auch Bilder, Videos oder Tondokumente hinterlegen. Speichern Sie die Übung und den Link und/oder den QR-Code. Es empfiehlt sich, diesen in ein Microsoft® Word-Dokument zu kopieren, das Sie den Schüler*innen auf Papier oder digital zur Verfügung stellen. Sie können die Übungen öffentlich machen – müssen aber nicht. Alle Übungen können variiert werden.

Hot Potatoes

Hot Potatoes ist der Klassiker unter den interaktiven Lernübungen (seit 1998). Es gibt fünf Aufgabenformate (Lückentext, Zuordnung, Multiple-Choice, Kreuzworträtsel, Schüttelsatz). Das Programm ist als Freeware für den nicht-kommerziellen Bereich verfügbar. Der große Vorteil: Man installiert das Programm lokal (Microsoft® Windows, Linux, macOS) und ist beim Erstellen der Übungen unabhängig vom Internet.

Funktion und Anwendungsmöglichkeiten im Lateinunterricht

Die didaktische Funktionalität von Hot Potatoes entspricht der von LearningApps.org mit geringerem Umfang. Die Benutzung ist weniger intuitiv als LearningApps.org. Der wesentliche Wert von Hot Potatoes liegt in der Einbindung der Übungen auf E-Learning-Plattformen wie Moodle.

Hinweise zur Arbeit mit der Software

Die Webseite von Hot Potatoes erklärt den Umgang mit dem Programm und den Download. Beim Abspeichern muss man der App einen treffenden Namen geben. Weitere Hinweise im entsprechenden Kapitel.

Etherpad

Etherpad ist ein cloudbasiertes Werkzeug, bei dem ein Text gleichzeitig von mehreren Nutzer*innen immer wieder bearbeitet werden kann. Alle Autor*innen greifen simultan auf den Text zu, können gleichzeitig lesen, schreiben, korrigieren. Der Zugriff erfolgt über den Internetbrowser. Dies ermöglichen im Prinzip auch andere kollaborative Tools (z. B. Padlet, die App „Pinnwand" in LearningApps.org, die Apps von Microsoft® Office 365 oder Google Docs). Das Etherpad dagegen ist eine Open-Source-Software, plattformunabhängig und es gibt für den pädagogischen Bereich kostenlose Angebote. Etherpad gibt es in vielen kostenlosen Variationen. Im pädagogischen Bereich wird oft ZUMPad gewählt.

Funktion und Anwendungsmöglichkeiten im Lateinunterricht

Etherpad bietet die Möglichkeit, mit einem Medium und verschiedenen Autor*innen einen Text gleichzeitig zu erstellen sowie zu bearbeiten und zu präsentieren. Im analogen Unterricht braucht man dafür mehrere

Medien, z. B. Schülerheft, OHP, Tafel. Etherpad ist daher das perfekte Medium zur kollaborativen Texterstellung. Die verschiedenen Autor*innen lassen sich über Benutzernamen und individuelle Farbgebung identifizieren. Der Administrator (z. B. die Lehrkraft) kann die Rechte der Autor*innen einschränken. Da der Text im Etherpad in kurzen Zeitabständen zwischengespeichert wird, kann man über eine Zeitleiste jeden Textbearbeitungsstand wieder aufrufen. Die Texte lassen sich aus anderen Anwendungen (z. B. Microsoft® Word) importieren und dann wieder dorthin exportieren.

Hinweise zur Arbeit mit der Software

Jede Etherpad-Software hat ihre eigene, aber ähnliche Betriebsanweisung. Die Textmenge sollte jeweils auf 60 bis 100 Wörter begrenzt sein. (Der Screen hat wenig Platz, besonders wenn das Layout noch verändert wird.) Wichtig: Die Lehrkraft bzw. der*die Moderator*in arbeitet an seinem*ihrem Screen und muss sich vorher vergewissern, dass die Präsentation (z. B. Beamer) auch genau sein*ihr Bild wiedergibt. Vorbereitung: Der Text muss in Etherpad vorher von der Lehrkraft eingegeben werden.

Padlet

Padlet ist eine digitale Pinnwand im Internet. Die einzelnen Informationen sind in Form von kleinen Notizzetteln (Posts) gestaltet. Padlet dient der Kollaboration und Kommunikation von Gruppen. Es gibt verschiedene Formate, um die Posts innerhalb eines Padlets anzuordnen, z. B. „Regal“, bei dem die Lehrkraft die Anordnung als Tabelle vorgibt, oder „Leinwand“, die eine freie Anordnung der Posts erlaubt. Die Posts werden von den Teilnehmenden gesetzt und mit einem Text versehen. Sie können mit weiteren Dateien, wie Bildern oder Textdateien und Links ins Internet, angereichert werden. Andere Teilnehmende können einen Post kommentieren oder bewerten. Es gibt verschiedene Optionen für das Teilen, also für den Zugang zu dem Padlet (z. B. per Link oder QR-Code), auch ein Passwortschutz kann eingerichtet werden.

Funktion und Anwendungsmöglichkeiten im Lateinunterricht

Ein Padlet kann wie eine Internetcloud zur Datenablage und Datenpräsentation benutzt werden. Es kann aber auch ähnlich einem Etherpad zur gemeinsamen Arbeit an einem Thema benutzt werden, da die Teilnehmenden gleichzeitig ihre Posts erstellen und andere kommentieren können. Ein weiterer, fachspezifischer Einsatz ist die gemeinsame Arbeit an einem fragmentierten Text, der von den Teilnehmenden über Verschieben der Posts rekonstruiert wird, oder die Kommentierung von Schüler*innenübersetzungen, die abschnittsweise erstellt werden.

Hinweise zur Arbeit mit der Software

Die Webseite von Padlet erklärt den Umgang mit dem Programm und die Aufgaben des Administrators. Der kostenfreie Zugang gewährt die, für den Unterricht wesentlichen, Rechte; die Zahl der zur Verfügung stehenden Padlets ist jedoch dabei beschränkt.

Learning Snacks

Learning Snacks bieten den Schüler*innen einen interaktiven, textbasierten Dialog an. Man kann sowohl Texte als auch Multiple-Choice-Fragen einbauen. Damit kann man Lerneinheiten mit einem erklärenden Lehrgespräch und anschließenden Fragen erstellen oder auch Texterschließungsfragen mit einer Antwortauswahl einfügen. Auch Übersetzungsaufgaben mit Auswahlübersetzungen sind möglich.

Funktion und Anwendungsmöglichkeiten im Lateinunterricht

Learning Snacks können für Formen der Instruktion in den Bereichen Grammatik, Wortschatzarbeit und Res Romanae, aber auch für eher kleinschrittige induktive Erarbeitungen eingesetzt werden, jeweils allerdings nur mit vorgegebenen Lösungsmöglichkeiten. Auch Schüler*innen können nach einer Einführung eigene Lerneinheiten konzipieren und der Lerngruppe zur Verfügung stellen. Es können ebenfalls Bilder, Videos und Ton eingefügt werden. Das Übungsformat von Learning Snacks entspricht dem Multiple-Choice-Prinzip.

Hinweise zur Arbeit mit der Software

Zu Beginn sollte das Erklärvideo „Snack zu Learning Snacks" bearbeitet werden. Wichtig ist, vor Erstellung eines Learningsnacks genau zu überlegen, wie der Unterrichtsgegenstand in Textteile und Entscheidungsfragen umgearbeitet werden kann, und die Schritte für die App gut zu planen. Nachträgliche Korrekturen sind nicht möglich. Bei der Eingabe von Text, Fragen und Antworten jeweils unbedingt speichern!

Systematischer Überblick über die wichtigsten Funktionen ausgewählter Apps, bezogen auf die Grundfunktionen des Lernens im Lateinunterricht:

Zuordnung

Begriffspaare zuordnen:

- LearningApps.org: Paare zuordnen (vermischte Begriffspaare einander zuordnen); Paare-Spiel
- Hot Potatoes: JMatch
- ClassFlow (Aktivität „Kategorisieren"; Aktivität „Zuordnung"; Aktivität „Gedächtnisspiel")

Begriffe in Kategorien einordnen:

- LearningApps.org: Gruppenzuordnung (Einzelbegriffe in zwei oder drei Kategorien einordnen); Gruppen-Puzzle (Bild hinterlegen, das aufgedeckt werden kann)
- ClassFlow (Aktivität „Mengendiagramm")
- Padlet

Begriffe in eine logische Reihenfolge bringen:

- LearningApps.org: Zahlenstrahl (Begriffe in chronologische Folge bringen); einfache Reihenfolge (gegebene Begriffe; Fragestellung ergibt sich aus dem Kontext); Zuordnung auf einem Bild (gegebene Begriffe und ein Bild; die Fragestellung erschließt sich implizit aus dem als Bild hinterlegtem Kontext)
- Padlet
- ClassFlow (Aktivität „Reihenfolge"; Aktivität „Beschriftetes Diagramm", Aktivität „Zeitleiste")

Unterstreichen/Markieren/Ergänzen

Begriffe unterstreichen:

- LearningApps.org: Markieren (Die Funktion gibt es so nicht, man muss eine fertige App überschreiben.)

Lückentext füllen:

- LearningApps.org: Lückentext
- Hot Potatoes: Lückentext

Schreiben und Lesen

Schreiben:

- LearningApps.org: Hangman (Frage durch Bild oder Impuls)

Kollaboratives Schreiben und Lesen:

- Etherpads (z. B. ZUMPad)
- Padlet
- LearningApps.org: Pinnwand
- Mindmaps, z. B. MIND42
- Wortwolken (AnswerGarden, Wordl, Mentimeter)

Kreuzworträtsel:

- LearningApps.org: Kreuzworträtsel
- Hot Potatoes: JCross
- Crossword Labs
- ClassFlow (Aktivität Kreuzworträtsel)

Wortgitter (Begriffe und Lösungen in Buchstabenreihen versteckt):

- LearningApps.org: Wortgitter
- ClassFlow (Aktivität „Wörtersuche")

Schüttelsatz (Rekonstruktion eines Satzes aus Wörtermix):

- Hot Potatoes: JMix

Wissen abfragen

Fragen beantworten (Quiz):

- LearningApps.org: freie Textantwort
- Socrative: Pac-Man als Quiz (online auf Classtools, Stichwort „Pacman"); Quizlet (virtuelle Karteikarten)
- Kahoot!

Lückentext:

- LearningApps.org: Lückentext (möglich sowohl als Text wie als Einzelabfragen mit Lösungskästchen)
- Hot Potatoes: JCloze

Multiple-Choice:

- LearningApps.org: Multiple-Choice; Millionenspiel (steigender Schwierigkeitsgrad); Pferderennen (Wettkampf gegen Computer), Zuordnung auf einem Bild
- Learning Snacks
- Hot Potatoes: JQuiz
- Socrative
- Kahoot!

Video mit Fragen an festgelegten Stop-Punkten:

- EDpuzzle, Screencast, ActivePresenter Free

Lerntempoduett:

- ONCOO

Meinungen abfragen:

- Wortwolke, Mentimeter, Edkimo

Zahlenwerte schätzen

- LearningApps.org: Schätzen (bewertet wird die Abweichung, z. B. Wann musste Cicero ins Exil? Wie viele Einwohner hatte Rom? Wie weit fliegt ein „pilum"?)

Erklärung und Instruktion

- Learning Snacks
- Tools für Erklärvideos (z. B. MySimpleShow, EDpuzzle, Screencast, ActivePresenter Free)

Gemeinsame Arbeit an Dateien

Kollaboratives Schreiben:

- s. o. Schreiben und Lesen
- ONCOO: Kartenabfrage

LMS (Learn-Management-Systeme):

- Moodle

Gemeinsame Arbeitsplattformen (Shared Workspace):

- Moodle
- BSCW
- Padlet
- alle Cloud-Dienste z. B. von Google, Microsoft®

1.1 Prädikate und Subjekte markieren mit LearningApps.org

Handlungssituation im Lateinunterricht

Nach einem motivierenden Einstieg (Bild, Überschrift etc.) und begründetem Aufbau von Erwartungen an den Text wird ein unbekannter lateinischer Text anhand vorgegebener Merkmale selbstständig erschlossen.

Kompetenzen

Fachliche Kompetenzen:

- Einen lateinischen Text erschließen, indem Prädikate und Handlungsträger/Subjekte des Textabschnitts markiert und vorläufig übersetzt werden

Überfachliche Kompetenzen:

- Effektive digitale Lernmöglichkeiten nutzen
- Anforderungen an digitale Werkzeuge reflektieren

Hinweise zur Software

Mit „Apps durchstöbern“ findet man im Fach „Latein“ auch Übungen zum „Markieren im Text“. Suchen Sie eine fertige Markierungsübung aus und wählen Sie unterhalb der Maske die Option „ähnliche App erstellen“. Fügen Sie den ausgewählten Text in das Fenster ein. Anschließend müssen Sie jedes Wort, das von den Schüler*innen farbig markiert werden soll, z. B. Wörter eines Sachfelds, Prädikat, Subjekt, durch einen Spiegelstrich markieren. Sie können auch ein Bild (z. B. der Göttin Latona) oder ein Video hinterlegen.

Vorbereitung

Stellen Sie den Schüler*innen den Text auch in gedruckter Form (Arbeitsblatt, Lehrbuch) zur Verfügung, damit Ergebnisse gesammelt werden können. Auch weiterführende Arbeitsaufträge zur Paraphrasierung und Interpretation der Ergebnisse der Texterschließung sollten ihnen gedruckt vorliegen.

Möglicher Unterrichtsverlauf: Ov. met. 6, 313 ff. Latona

Nach einem Bildeinstieg (Bild der Göttin Latona mit ihren Kindern) und einem (digitalen) Lesevortrag der Lehrkraft erschließen die Schüler*innen den Text z. B. über Sachfelder und Handlungsträger. Vor der detaillierten Übersetzung unterstreichen sie die Subjekte und Prädikate, die sie mithilfe der App verifiziert haben. Die bereits durch die App korrigierten Ergebnisse übertragen sie auf ihr Arbeitsblatt. Im Anschluss wird, wie gewohnt, der Textinhalt durch die Schüler*innen paraphrasiert und ggf. schon interpretiert.

VARIANTEN | Alle eindeutigen Unterstreichungen sind möglich, z. B. Sachfelder, Konnektoren, Wiederholungen, Konstruktionen, Verbformen.

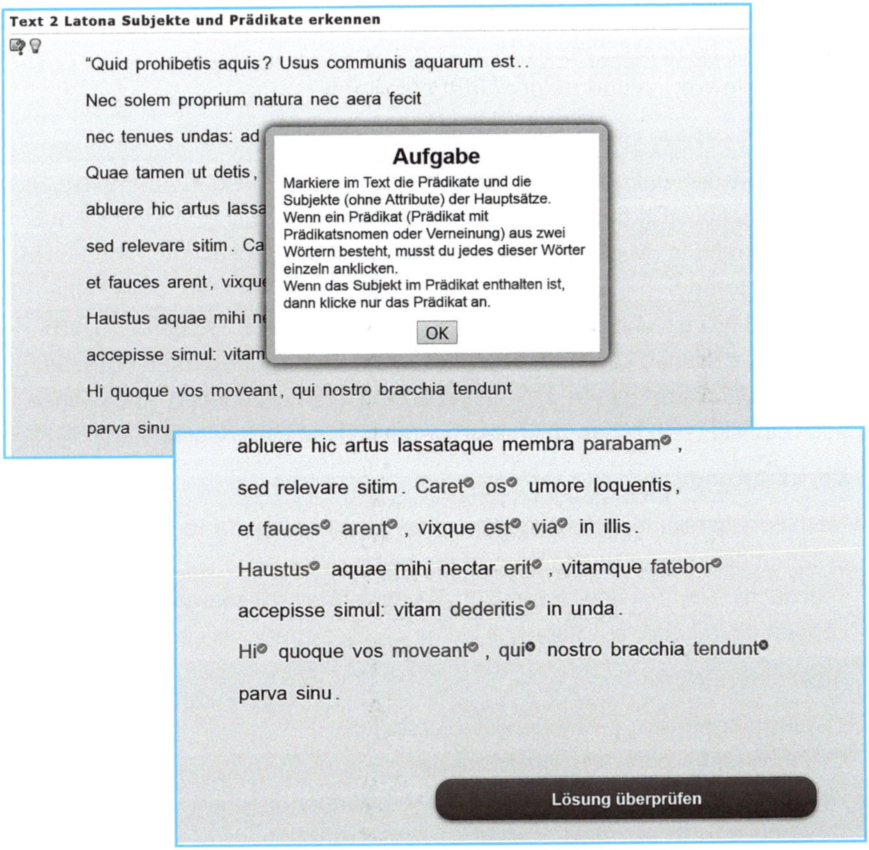

1.2 Textrekonstruktion mit LearningApps.org

Handlungssituation im Lateinunterricht

Nach einem motivierenden Einstieg (Bild, Überschrift usw.) und einem begründeten Aufbau von Erwartungen wird ein unbekannter lateinischer Text (Lehrbuchtext, Originaltext, geschlossener Ausschnitt aus einem Originaltext, z. B. eine Episode aus Cic. Verr.) anhand von Kohärenzmerkmalen und mithilfe der Kenntnis des Textaufbaus selbstständig rekonstruiert.

Kompetenzen

Fachliche Kompetenzen:

- Einen lateinischen Text erschließen mithilfe von Kenntnissen zum Textaufbau und anhand von Kohärenzmerkmalen rekonstruieren

Überfachliche Kompetenzen:

- Digitale Werkzeuge zielgerichtet einsetzen

Hinweise zur Software

Wählen Sie die Funktion „Zahlenstrahl“. Teilen Sie den Text in Abschnitte, die eine Rekonstruktion ermöglichen (Kohärenzmerkmale). Tragen Sie bei „Zahlenstrahl“ in „Minimum“ und „Maximum“ die Anzahl der Textabschnitte ein, z. B. 1 und 5, bei fünf Textabschnitten. Fügen Sie in jedes „Paar“ einen Textabschnitt ein und weisen Sie ihm bei „Wert“ die richtige Stelle zu, z. B. 1 bis 5. Sie können zu jedem Abschnitt, aber auch zur gesamten Aufgabe, „Lösungshinweise“ geben, z. B. an Kohärenzmerkmale erinnern. Sie können auch ein Bild (z. B. Fuchs im Weinberg) oder Video hinterlegen.

Vorbereitung

Nach Fertigstellung – die App kontrolliert die Lösung auf Richtigkeit – erhalten die Schüler*innen den Text in gedruckter Form (Arbeitsblatt, Lehrbuch). Tipp für den Unterricht: Weitere (Sprach-)Aufgaben zum Text können digital oder auf Papier erledigt und gesichert werden.

Alternative Apps

- LearningApps.org – Reihenfolge erstellen
- Pinnwand – ohne Korrekturfunktion
- Padlet – ohne Korrekturfunktion, mit Kommentarfunktion, kollaborativ
- Andere Timeline-Apps – ohne Korrekturfunktion

Möglicher Unterrichtsverlauf (Phaedr. 4,3: Der Fuchs und die Trauben)

Einstieg mit Bildbetrachtung und Erwartungsaufbau: „Welche Lösung durch den Fuchs erwartet ihr?“, Hinführung an die Aufgabe: „Der Text ist durcheinandergeraten. Stellt aufgrund eurer Kenntnisse über den Aufbau von Fabeln den Text in der richtigen Reihenfolge wieder her.“ Schüler*innen rekonstruieren selbstständig mithilfe der App den Text anhand von Kohärenzmerkmalen. Sie geben den Textinhalt und weitere Beobachtungen mündlich oder auf einem Arbeitsblatt wieder. Nach erfolgreicher Bearbeitung erhalten die Schüler*innen den Text in gedruckter Form zur weiteren Erarbeitung, Übersetzung und Interpretation.

TIPP | Sie können als Vorbereitung der Übersetzung oder parallel dazu weitere Wiederholungsaufgaben erstellen, z. B. zu Verbformen, zu Vokabeln usw.

VARIANTE | Res Romanae: Fakten anordnen

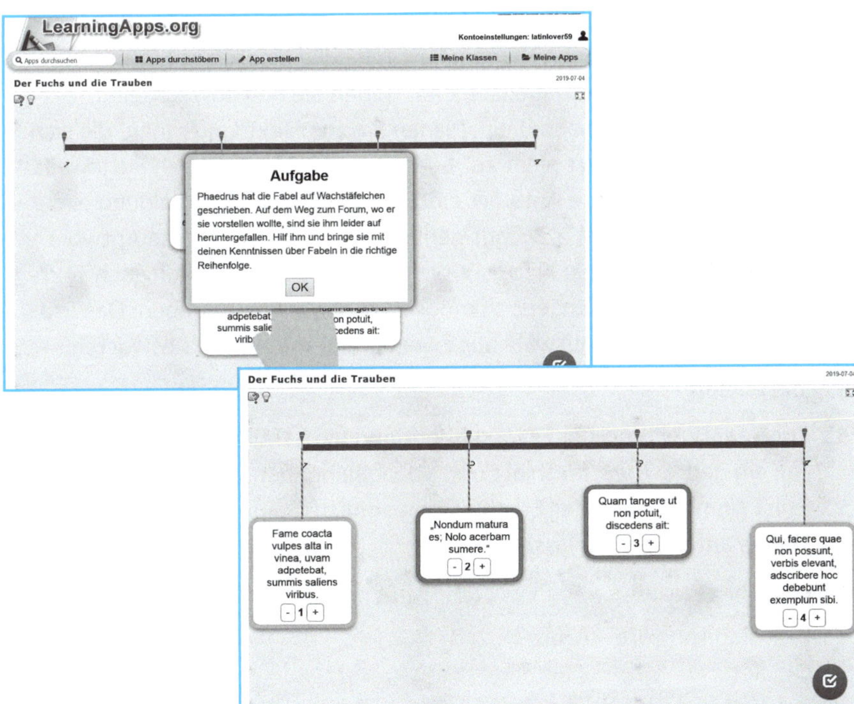

1.3 Texterschließung anhand von Leitfragen mit Learning Snacks

Handlungssituation im Lateinunterricht

Ein unbekannter lateinischer Text soll – nach einer Einführung - mithilfe von Leitfragen erschlossen werden.

Kompetenzen

Fachliche Kompetenzen:

- Einen lateinischen Text anhand von Leitfragen mit Textbelegen erschließen

Überfachliche Kompetenzen:

- Eine Vielzahl von digitalen Werkzeuge kennenlernen und zielgerichtet sowie kreativ einsetzen

Hinweise zur Software

Öffnen Sie die App „Learning Snacks" und darin einen neuen Snack mit „+". Geben Sie dem Snack einen Namen. Verfassen Sie eine kurze Einführung in den Text und in die Aufgabenstellung. Geben Sie nun abwechselnd Text und Antworten (obere Leiste) ein. Planen Sie zum Text Leitfragen, die sich mit „trifft zu" oder „trifft nicht zu" beantworten lassen. Geben Sie jeweils die Frage und die richtige Antwort ein. Geben Sie eine Rückmeldung ein für die richtige Antwort, z. B. „gut gemacht" und für die falsche Antwort z. B. „du hast vielleicht ein kleines Wort übersehen". Sie können auch Textbelege verlangen, müssen jedoch mögliche Antworten vorgeben. Das Programm erlaubt nur die Auswahl aus zwei bis vier möglichen Antworten.

Vorbereitung

- Zur Beantwortung der Fragen benötigen die Schüler*innen auf jeden Fall ein gedrucktes Textblatt und Vokabelangaben.
- Es ist sinnvoll, nach der Erschließung zunächst eine Paraphrase des Textes anfertigen zu lassen.

Alternative Apps

- LearningApps.org – Quiz
- Quizlet
- Kahoot!

Möglicher Unterrichtsverlauf (Ov. met. 6,313 ff. Latona)

Sie gestalten einen Einstieg mit dem Aufbau von Erwartungen – „Wie würdest du an der Stelle der Göttin auf die ablehnende Haltung der Bauern reagieren?" – und einer Hinführung zur Aufgabe: „Wir erschließen nun zunächst grob, was Latona den Bauern zu sagen hat." Mithilfe ihres Textblattes und der App beantworten die Schüler*innen selbstständig die Leitfragen. Sie geben den Textinhalt und weitere Beobachtungen mündlich oder schriftlich wieder. Nach erfolgreicher Bearbeitung wird der Text weiter erarbeitet, übersetzt, interpretiert.

TIPP Zur Vorbereitung eignet sich insbesondere Wortschatzwiederholung, z. B. mit Kahoot!, Mindmaps

Beispiel: Ov. met. 6,313 ff. Latona

Die Göttin Latona spricht mit den Bauern, die am See arbeiten. Erschließe den Inhalt ihrer Rede, indem du die folgenden Fragen beantwortest. Lies dazu den lateinischen Text mehrmals gründlich.

Text der Snacks	Auswahlmöglichkeit/Kommentar
Latona weist darauf hin, dass das Wasser allen gehört.	A Trifft zu B Trifft nicht zu
Welches Textzitat belegt deine Einschätzung?	A Solem proprium natura … fecit. B Usus communis aquarum est.
(Schüler*in wählt A:) (Schüler*in wählt B:)	A Du hast ein kleines Wort übersehen. B Prima

1.4 Texterschließung als Lückentext mit Hot Potatoes

Handlungssituation im Lateinunterricht

Ein sprachlich komplexerer Text soll mithilfe einer Übersetzung, in die anstelle von Kernaussagen Lücken gesetzt wurden, erschlossen werden.

Kompetenzen

Fachliche Kompetenzen:

- Einen lateinischen Text erschließen und übersetzen

Überfachliche Kompetenzen:

- Effektive digitale Werkzeuge nutzen

Hinweise zur Software

Siehe S. 9

Vorbereitung

- Wählen Sie in „Hot Potatoes“ die Funktion „JCloze“.
- Fügen Sie den lateinischen Text ein sowie die Übersetzung.
- Anschließend müssen in der Übersetzung die Wortblöcke markiert werden, die für den*die Schüler*in als Lücke erscheinen sollen. Dabei definieren Sie jeweils, welche lateinischen Wörter ausgelassen werden. Sie können mehrere Übersetzungsmöglichkeiten angeben.
- Unter „Einstellung“ – „Konfiguration“ können Sie noch angeben, wie Schüler*innen Hinweise („Hint“) erhalten, welche Rückmeldung sie bei „Check“ bekommen sowie welche Farbkombination Sie wünschen.
- Wenn die Übung fertig ist, können Sie diese unter „Datei“ → „V6 Webseite erstellen“ ausprobieren.

Vorbereitung

- Schüler*innen erhalten den Text auch in gedruckter Form sowie Vokabelhilfen.

Alternative Apps

LearningApps.org – Lückentext

Möglicher Unterrichtseinsatz

Nach dem Aufbau einer Erwartung an den Textinhalt und der Aufnahme von neuen Vokabeln wird der lateinische Text vorgelesen mit dem Arbeitsauftrag, auf die Wirkung des Textes sowie auf Kernbegriffe zu achten. Nach der Sicherung des ersten Textverständnisses können die Schüler*innen den Text mithilfe des Lückentextes übersetzen. Die Sicherung erfolgt durch die App. Im Anschluss paraphrasieren und analysieren die Schüler*innen den Textinhalt Abschnitt für Abschnitt.

TIPP | Die Übung kann auch in Lernplattformen eingebunden werden.

VARIANTE | Die Übung ist nutzbar für jede Textarbeit, auch für Res Romanae.

1.5 Hyperbata zuordnen mit LearningApps.org

Handlungssituation im Lateinunterricht

Ein motivierender Einstieg (Bild, Überschrift ...) führt zu einer Erschließung des Textes. Bei der sich anschließenden Übersetzung stellen die Hyperbata eine Herausforderung dar. Zur sprachlichen Entlastung für alle Schüler*innen oder als binnendifferenzierendes Element ordnen die Schüler*innen die Hyperbata einander zu und markieren sie anschließend auf ihrem Arbeitsblatt in verschiedenen Farben.

Kompetenzen

Fachliche Kompetenzen:

- Hyperbata erkennen und ihre Funktion im Kontext (z. B. abbildende Wortstellung) interpretieren

Überfachliche Kompetenzen:

- Effektive digitale Lernmöglichkeiten nutzen

Hinweise zur Software

Rufen Sie in „LearningApps.org" die Funktion „Paare zuordnen" auf. Fügen Sie die ausgewählten Hyperbata in jeweils ein Kartenpaar ein.
Sie können auch ein Bild (z. B. Wolf und Lamm am Fluss), ein Video oder Ton hinterlegen.
Die Zuordnungsübung kann vielfältig variiert werden.

Vorbereitung

- Die Schüler*innen erhalten den zu bearbeitenden Text, wie gewohnt auch in gedruckter Form (Arbeitsblatt, Lehrbuch), damit er als Gesamttext noch erkennbar ist.
- Die Ergebnisse der vorbereitenden Erschließungsübung (Erkennen der Hyperbata) werden auf das Arbeitsblatt in verschiedenen Farben übertragen.
- Auch weiterführende Arbeitsaufträge zur Paraphrasierung und Interpretation der Ergebnisse der Texterschließung stehen in gedruckter Form zur Verfügung.

Alternative Apps

Quizlet

Möglicher Unterrichtsverlauf (Phaedr. 1,1 Wolf und Lamm)

Die Schüler*innen betrachten ein Bild mit einem Arbeitsauftrag, z. B. „Beschreibe das Bild: Wie ist die Ausgangssituation?". Sie ordnen dem Bild lateinische Textbelege zu. Eine weitere Erschließung erfolgt mit den Aufträgen: „Achte auf die Handlungsträger im weiteren Verlauf des Textes und den Aufbau des Textes." Die Schüler*innen erkennen, dass ein Streitgespräch zwischen Wolf und Lamm folgt. Die Aufgabe ist nun, diesen Text zu übersetzen. Wer noch eine Hilfe bei den Hyperbata benötigt, kann vorher oder parallel dazu die App bearbeiten. Die Ergebnisse tragen die Schüler*innen auf dem Arbeitsblatt ein. Nach der Sicherung der Übersetzung interpretieren sie den Text.

VARIANTE Die Übung ist nutzbar auch für Wortschatzarbeit, Zuordnung lateinischer Text – Übersetzung, Stilmittel und Res Romanae.

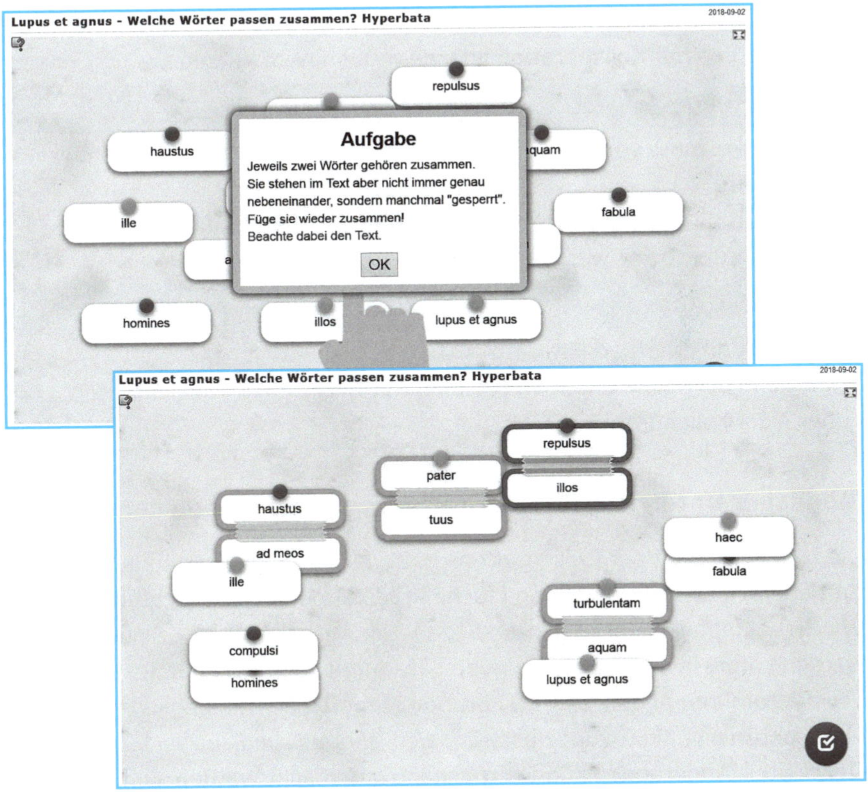

1.6 Texterschließung mit Etherpad

Handlungssituation im Lateinunterricht

Ein Text soll vor der Übersetzung nach verschiedenen Verfahren der Texterschließung (Syntax, Semantik, Gliederung, Thematik) von den Schüler*innen erschlossen werden und die Ergebnisse sollen visualisiert werden. Häufiges Problem dabei ist die Engführung des Unterrichts, da die Lehrkraft nur richtige Antworten einträgt. Etherpad erlaubt jedoch reversible Textveränderungen. So können auch alternative Lösungen und Fehler aufgegriffen werden. Auch können mehrere Schülergruppen gleichzeitig arbeiten.

Kompetenzen

Fachliche Kompetenzen:

- Verfahren und Zugriffe der Texterschließung anwenden

Überfachliche Kompetenzen:

- Verfahren der Kollaboration an einem Dokument nutzen

Vorbereitung

- Der Text muss von der Lehrkraft vorher in Etherpad eingegeben werden.
- Die Lesbarkeit der Schriftgröße auf dem Präsentationsmedium muss vorher überprüft werden.

Alternative Apps

ZUMPad und Etherpad Lite

Man kann auch (wie unten im Beispiel) mit Microsoft® Word arbeiten, aber nicht kollaborativ.

Möglicher Unterrichtsverlauf (arbeitsgleiche Plenumsarbeit)

Die Lehrkraft zeigt per Präsentationsgerät den Text. Die Lernenden erhalten Aufgaben zur Texterschließung (suche Prädikate, finde ein Sachfeld, suche Wiederholungen, gliedere den Text etc.). Die Antworten der Lernenden werden sofort in den Text eingegeben. Dadurch verändert der Text sein Layout vor ihren Augen. Der Lerngruppe steht danach ein gegliederter und vorstrukturierter Text zur selbstständigen Übersetzung zur Verfügung. Der Vorteil: Änderungen können rückgängig gemacht werden, Fehler werden zum Lernanlass. Die Lehrkraft kann sich zurücknehmen, sie kann die Gedanken der Lerngruppe erst einmal „laufen lassen". Eine Korrektur ist immer noch nachträglich möglich.

TIPPS

- Gut geeignet sind Texte mit klarer Handlungsprogression oder Perspektivwechsel oder Argumentation.
- Die Textmenge sollte auf 60 bis 100 Wörter begrenzt sein.
- Es bietet sich an, diese Texterschließung mit einer arbeitsteiligen Übersetzung durch Etherpad zu verbinden.

VARIANTEN

- Statt der Lehrkraft kann auch ein*e Schüler*in die Texterschließung am Etherpad umsetzen.
- Es können auch mehrere Gruppen parallel an der Texterschließung arbeiten. Wichtig sind dabei feste Regeln, was am Text verändert werden darf.

Beispiel

Text am Beginn der Arbeit (Auszug aus Cic. Verr. II 1, 32 ff.)
Itaque primum illum actum istius vitae turpissimum et flagitiosissimum praetermittam. Nihil a me de pueritiae suae flagitiis audiet, nihil ex illa impura adulescentia sua; quae [= adulescentia] qualis fuerit, aut meministis aut ex eo, quem sui simillimum produxit, recognoscere potestis. Omnia praeteribo, quae mihi turpia dictu videbuntur … (etc.)

Hilfen:
actus, üs *m* Handlung, Abschnitt („Akt") – **istius** *gemeint ist Verres* –
praetermittam = praeter (vorüber, vorbei) + mittere ––
adulescentia Jugend – **quem s**ui simillimum produxit: „den er zu seinem Ebenbild gemacht hat" (sein Sohn) –
Omnia, quae alles, was (*n Pl.*) – **praeterire** = praeter + ire –
turpia dictu zu hässlich, um es auszusprechen – (etc.)

Textbeispiel nach Abschluss der semantischen und syntaktischen Analyse

Itaque primum illum actum istius vitae turpissimum et flagitiosissimum **praetermittam**.
    Nihil a me de pueritiae suae flagitiis audiet
    nihil ex illa impura adulescentia sua;
        quae [=adulescentia] qualis fuerit,
            aut meministis
            aut ex eo,
                quem sui simillimum produxit,
            recognoscere potestis.
Omnia praeteribo, quae mihi turpia dictu videbuntur etc.

1.7 Texterschließung über Handlungsträger mit LearningApps.org

Handlungssituation im Lateinunterricht

Der Einstieg in den lateinischen Text erfolgt über ein Bild, einen Einleitungstext oder eine Lehrererzählung. Nach dem Aufbau von begründeten Erwartungen und einer ersten Beobachtung der Handlungsträger wird ein unbekannter lateinischer (Lehrbuch-/Original-)Text systematisch nach Handlungsträgern und ihren Handlungen selbstständig vorstrukturiert.

Kompetenzen

Fachliche Kompetenzen:

- Einen lateinischen Text nach Handlungsträgern und ihren Handlungen erschließen und strukturieren

Überfachliche Kompetenzen:

- Digitale Werkzeuge kreativ, reflektiert und zielgerichtet einsetzen

Hinweise zur Software

Verwendet wird die Funktion „Gruppenzuordnung“ von LearningApps.org. Sie können mehrere Kategorien erstellen, in die die Schüler*innen Sätze oder Textaussagen einordnen müssen. Erstellen Sie diese Kategorien, geben Sie danach den Text ein und die Kategorie, in die dieser eingeordnet werden soll. Sie können auch ein Bild (z. B. von Narcissus und/oder Echo/Latona) oder ein Video hinterlegen.

Vorbereitung

- Die Schüler*innen erhalten den zu bearbeitenden Text auch in gedruckter Form (Arbeitsblatt, Lehrbuch), damit der Gesamttext erkennbar ist.
- Die Ergebnisse können in verschiedenen Farben eingetragen werden, sodass die Struktur augenfällig wird.
- Auch weiterführende Arbeitsaufträge zur Paraphrasierung und Interpretation der Ergebnisse der Texterschließung stehen in gedruckter Form zur Verfügung.

Möglicher Unterrichtsverlauf: (Lehrbuchtext: Intra Narcissus und Echo, Lektion 17, Z. 1 bis 18)

Der Einstieg geschieht über eine Bildbetrachtung, anschließend erfolgt eine Einführung in den Text mit dem Auftrag, während des Lesevortrags der Lehrkraft auf die Protagonist*innen zu achten. Der erste Eindruck wird im Plenum abgefragt, danach folgt eine Einzel- oder Partnerarbeit mit der App. Die Schüler*innen sichern die Ergebnisse auf ihren Arbeitsblättern und fertigen eine Paraphrase des Textes an.

VARIANTEN Die Zuordnungsübung kann vielfältig variiert werden, z. B. Tempus-, Modusübungen, Tempora, historische Ereignisse.

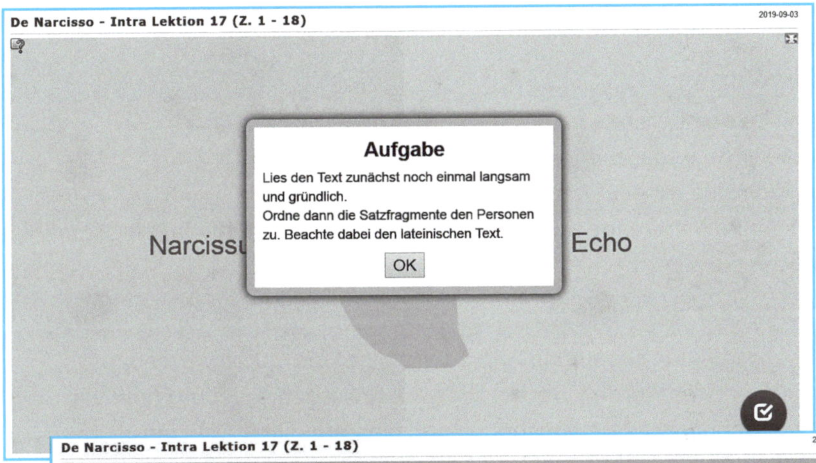

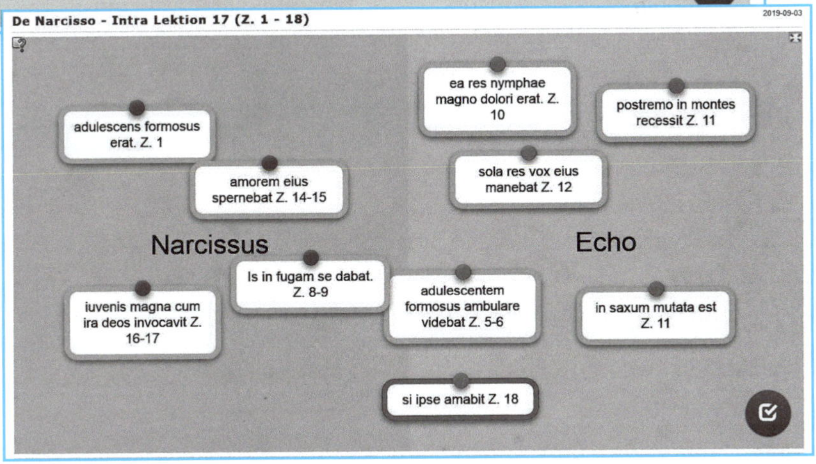

2.1 Vokabeln im Unterricht wiederholen mit Kahoot!

Handlungssituation im Lateinunterricht

Wortschatz, der im Unterricht bereits erarbeitet und von Schüler*innen gelernt wurde, muss im Unterricht immer wieder umgewälzt werden, damit er nachhaltig bei der Texterarbeitung verfügbar ist. Da lateinische Vokabeln, anders als in modernen Fremdsprachen, nicht bei der aktiven Sprachbeherrschung Anwendung finden, ist es umso wichtiger, dass im Unterricht Wiederholung stattfindet, idealerweise auf textimmanentem Weg. Zusätzlich bietet die App „Kahoot!" die Möglichkeit, Wortschatz im Quizformat zu wiederholen und zu festigen.

Kompetenzen

Fachliche Kompetenzen:

- Passende Bedeutungen lateinischer Begriffe identifizieren

Überfachliche Kompetenzen:

- Digitale Werkzeuge und Medien zum Lernen, Arbeiten und Problemlösen nutzen

Hinweise zur Software

Mit Kahoot! kann (über eine App oder online) ein Quiz zu beliebigen Inhalten erstellt werden. Bei der Erstellung werden zu jeder Frage vier Antwortmöglichkeiten eingegeben und ein Zeitlimit sowie eine zu erreichende Punktzahl festgelegt. Die Schüler*innen beteiligen sich an dem Quiz über die App auf ihrem Smartphone.

Vorbereitung

- Erarbeitung der Vokabeln
- Erstellung des Quiz'
- Installation der App auf den Smartphones der Schüler*innen oder auf Tablets

Alternative Apps

Quizizz, Socrative, Testmoz

Möglicher Unterrichtsverlauf

Die Lehrkraft erstellt über die App oder am Computer ein Quiz und legt weitere Einstellungen fest. Im Unterricht wird das Quiz geöffnet und ein Zahlencode generiert, den die Schüler*innen in ihre App auf dem Smartphone oder dem Tablet eingeben, um teilzunehmen. Sie wählen einen Nickname, der bei der Auswertung erscheinen wird. Sobald das Quiz startet, erscheinen die Fragen mit jeweils vier Antwortmöglichkeiten, denen Symbole zugeordnet sind. Über die entsprechenden vier Symbole in ihrer App geben die Schüler*innen zu jeder eingeblendeten Frage ihre Antwort. Sie erhalten über die App nach jeder Frage eine Rückmeldung, ob ihre Antwort richtig war. Die Auswertung zeigt am Ende die Rangfolge der Teilnehmenden und die erreichten Punktzahlen.

TIPP Die Fragen können innerhalb eines Durchgangs variiert werden, damit die Schüler*innen immer wieder neu zum Nachdenken angeregt werden („Was bedeutet …?"/„Welches Wort passt nicht in die Reihe?"/ Welches Wort ist kein Adjektiv?" usw.).

VARIANTEN

- Schüler*innen erstellen selbst ein Quiz.
- Auch andere Inhalte als Vokabeln können Gegenstand eines Quiz' sein: Elemente der Formenlehre, Wissensbestände aus der antiken Geschichte und Kultur, sprachlich-stilistische Gestaltungsmittel usw.

2.2 Vokabeln lernen mit Quizlet

Handlungssituation im Lateinunterricht

Sind bestimmte Vokabeln einmal eingeführt, müssen sie regelmäßig wiederholt werden, um langfristig abrufbar zu bleiben. Wünschenswert ist eine textimmanente Wiederholung, doch nicht immer kann dies bei der Arbeit mit Lehrbuch- und Originaltexten gewährleistet werden. Daher bietet es sich an, auch andere Formen für das Lernen und Festigen des Wortschatzes einzusetzen. Das Tool „Quizlet" bietet hierzu verschiedene motivierende Möglichkeiten, die von den Schüler*innen selbstständig genutzt werden können.

Kompetenzen

Fachliche Kompetenzen:

- Über einen themenbezogenen Wortschatz verfügen
- Im Rahmen des Sprachenlernens digitale Lernangebote und Werkzeuge zielgerichtet einsetzen

Überfachliche Kompetenzen:

- Digitale Umgebungen und Werkzeuge zum persönlichen Gebrauch anpassen

Hinweise zur Software

Bei der Erstellung des Lernsets sollte die Lehrkraft bereits die verschiedenen Abfragemodi im Blick haben, das bedeutet u. a.

- Genitive, Formen usw. zu den lateinischen Vokabeln sollten auf der Vorderseite der Karteikarte angegeben werden, sonst ergibt z. B. das Übungsformat „Lernen", bei dem aus vier möglichen Antworten die richtige ausgewählt werden muss, keinen Sinn.
- Es sollten nicht zu viele deutsche Bedeutungen angegeben werden, wenn das Spielformat „Schwerkraft" eingesetzt werden soll, denn dabei müssen die Bedeutungen schnell eingetippt werden.

Vorbereitung

- Textbasierte Einführung der Vokabeln
- Erstellung eines Lernsets

Alternative Apps

LearningApps.org

Möglicher Unterrichtsverlauf

Sobald neuer Wortschatz textbasiert erarbeitet wurde, erstellt die Lehrkraft dazu ein Lernset. Im Unterricht ermöglicht sie dann den Schüler*innen den Zugang (per Link oder per Suchfunktion über den Nutzernamen der Lehrkraft oder den Namen des Lernsets). Die Schüler*innen können ohne eigene Anmeldung darauf zugreifen (siehe „Tipps" unten). Nun werden die verschiedenen Optionen der App gemeinsam im Unterricht erkundet und ausprobiert. In einer sich anschließenden Unterrichtsphase üben die Schüler*innen selbstständig mit den verschiedenen Übungsformaten. Auch außerhalb des Unterrichts können sie von da an selbstständig mit dem jeweiligen Lernset arbeiten und auch weitere ausprobieren.

TIPPS

- Die Schüler*innen können die App auf ihren Smartphones oder Tablets ohne Registrierung nutzen, indem sie die Aufforderung „Gratis registieren" bzw. "Melde Dich an" überspringen und auf der dritten Startseite die Option „Quizlet durchsuchen" wählen.
- Zu vielen Lehrbuchlektionen haben Lehrkräfte bereits Lernsets erstellt, die von den Schüler*innen genutzt werden können.

VARIANTE

Für einen nachhaltigen und motivierenden Lernerfolg bietet es sich an, Lernsets auch von Schüler*innen anlegen und bereitstellen zu lassen. Dies kann in Einzelarbeit oder in kooperativen Formen erfolgen, sowohl außerhalb als auch innerhalb des Unterrichts.

3.1 Verbformen/Tempusrelief vorbereiten mit LearningApps.org

Handlungssituation im Lateinunterricht

Vor oder nach Übersetzung eines Textes sollen die Schüler*innen zum vertieften Textverständnis ein Tempusrelief erstellen und dieses interpretieren. Alternativ kann eine detaillierte Übersetzung sprachlich entlastet werden.

Kompetenzen

Fachliche Kompetenzen:

- Verbformen mithilfe von Morphemen erkennen
- Ein Tempus- oder Modusprofil erstellen

Überfachliche Kompetenzen:

- Effektive digitale Lernmöglichkeiten nutzen

Hinweise zur Software

- Wählen Sie in „LearningApps.org" die Funktion „Gruppenpuzzle". Tragen Sie die lateinischen Verbformen und die richtige Lösung für alle Formen ein.
- Sie können ein Bild (z. B. ein Foto zum Text) hinterlegen, dieses wird nach dem korrekten Zuordnen aufgedeckt.

Vorbereitung

- Schüler*innen erhalten zusätzlich den Text auf einem Arbeitsblatt. Nach oder parallel zur Fertigstellung – die App kontrolliert die Lösung auf Richtigkeit – erarbeiten oder bearbeiten sie den Text wie gewohnt.
- Weiterführende Aufgaben, z. B. zur Texterschließung, Paraphrase oder Interpretation, können digital oder auf Papier erledigt und gesichert werden.

Alternative Apps

- LearningApps.org – Zuordnungsgitter
- Kahoot! (Multiple-Choice) – vier Formen oder Bestimmungen eingeben, nur eine ist richtig
- Learning Snacks – siehe Beispiel zum Dativ, S. 36

Möglicher Unterrichtsverlauf (Lehrbuchtext/Originaltext)

Die Phase beginnt mit einem motivierender Einstieg (Aufbau von Erwartung) in den lateinischen Text. Nach einer ersten semantischen Erschließung des Textes erfolgt eine grammatische Erschließung über Prädikate und Subjekte (ggf. mit der Aufgabe, den Text aufgrund des Tempusprofils zu gliedern). Begleitend – oder als vorbereitende Aufgabe – bearbeiten die Schüler*innen die digitale Übung. Sie gliedern den Text und geben den Textinhalt und weitere Beobachtungen mündlich oder schriftlich – auf einem Arbeitsblatt – wieder. Sie deuten ihre Beobachtungen im Hinblick auf den Textinhalt.

TIPPS Einsatz auch als vorbereitende Hausaufgabe oder als Übung zum selbstständigen Lernen möglich

VARIANTE Zuordnungsaufgaben aller Art: z. B. KNG-Bestimmung, Modus, Diathese, Pronomina, Satzarten, satzwertige Konstruktionen usw.

Maske zur Erstellung der App

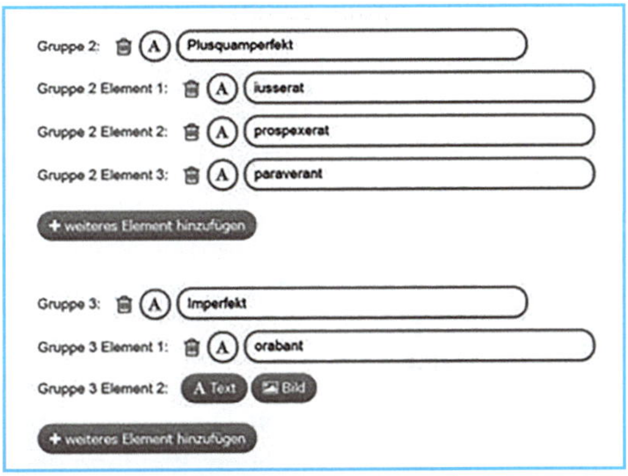

Fertige App

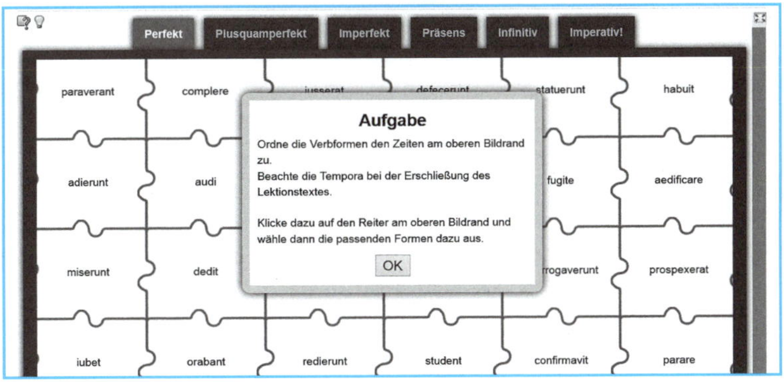

3.2 Grammatikwiederholung mit Learning Snacks und Storyboard That

Handlungssituation im Lateinunterricht

Im Unterricht wurden der Dativ und seine Funktionen anhand des Lehrbuchtextes eingeführt. Zur Sicherung bzw. Wiederholung können die Schüler*innen (im Unterricht oder in Lernzeiten) einen Learning Snack bearbeiten.

Kompetenzen

Fachliche Kompetenzen:

- Formen, Funktion und Übersetzungsmöglichkeiten des lateinischen Dativs kennen

Überfachliche Kompetenzen:

- Effektive digitale Lernmöglichkeiten nutzen, Gestaltungsmittel von digitalen Medien kennen und bewerten

Hinweise zur Software

Es ist wichtig, genau zu planen, welche Bilder und welche Texte Sie einstellen möchten, sowie deren Reihenfolge (spätere Änderungen sind nicht möglich!). Alle Antworten müssen im Multiple-Choice-Verfahren (zwei bis vier Auswahlmöglichkeiten) bearbeitet und die richtige Lösung festgelegt werden. Auch hier ist wieder Eindeutigkeit wichtig. Es ist möglich, kurze Denkpausen einzuplanen, dann erscheint die nächste Frage erst, wenn Schüler*innen auf „Weiter" klicken. Die Bilder können mit Storyboard That erstellt werden. Diese App bietet auch Figuren aus der Antike mit veränderbarer Umgebung, Kleidung und Körperhaltung.

Vorbereitung

Das Feedback, z. B. „Gut gemacht!" oder „Schau noch einmal genau hin!", muss ebenfalls geplant werden. Es stehen auch Emoticons zur Auswahl. Die App kontrolliert die Richtigkeit der Lösungen.

Alternative Apps

- Kahoot! – immer vier Wahlmöglichkeiten eingeben, nur eine ist richtig
- LearningApps.org – z. B. Pferderennen
- Hot Potatoes – Multiple-Choice

Möglicher Unterrichtsverlauf – Dativ

Im Unterricht wurde der Dativ bereits induktiv eingeführt. Nachbereitend oder als Differenzierungsangebot bearbeiten die Schüler*innen die digitale Übung.

TIPP Statt Bildern Textauszüge einfügen

VARIANTE Mit dieser App lassen sich auch Learning Snacks zur Neu-Einführung eines grammatischen Phänomens erstellen. Die Übersetzung des Lehrbuchtextes verlangt dann die Anwendung.

Beispiel: Der „Dies Natalis" – Wiederholung des Dativs

Auf einem z. B. mit Storyboard That erstellten Bild sieht man Lucius, der mit einem Geschenk auf Cornelia und ihre Eltern zugeht.

Text der Snacks	Auswahlmöglichkeit/Kommentar
Betrachte das Bild genau. Übersetze dann die beiden Sätze mündlich oder schriftlich. Cornelia diem natalem celebrat. Lucius Corneliae donum dat.	A Lucius gibt Cornelia ein Geschenk. B Lucius, der Freund von Cornelia, hat ein Geschenk.
(Schüler*in wählt A:) (Schüler*in wählt B:)	A Gut erkannt! Weiter so! B Bitte betrachte noch einmal das Bild!
Nach Cornelia fragst du:	A Wer? B Wessen? C Wem?

3.3 Verbformen wiederholen mit LearningApps.org

Handlungssituation im Lateinunterricht

Nach dem Einstieg in den Text über ein Bild, die Überschrift o. ä. und einer ersten Erschließung stehen die Schüler*innen vor der Aufgabe, den lateinischen Text (Originaltext/Lehrbuchtext) zu übersetzen. Schwierigkeiten machen dabei immer wieder die Verbformen. Diese sollen vorbereitend oder begleitend zur Textarbeit exemplarisch wiederholt werden.

Kompetenzen

Fachliche Kompetenzen:

- Verbformen segmentieren und erkennen

Überfachliche Kompetenzen:

- Digitale Werkzeuge bedarfsgerecht einsetzen, Lernmöglichkeiten effektiv nutzen

Hinweise zur Software

Rufen Sie die Funktion „Pferderennen" auf. Fügen Sie jeweils vier Verbformen aus dem Text ein, von denen nur genau eine zu der jeweiligen Beschreibung passt. Diese Multiple-Choice-Übung kann vielfältig variiert werden. Die Lösung muss eindeutig sein. Die Übung kann allein „gespielt" werden oder gegen einen Partner. Bei jeder richtigen Lösung laufen die Pferde weiter.

Vorbereitung

Schüler*innen erhalten den Text, der gelesen werden soll, wie gewohnt auch in gedruckter Form (Arbeitsblatt, Lehrbuch). Die Ergebnisse der Unterscheidungsübung sollten auch auf dem Textblatt gesichert werden, damit sie eine Hilfe bei der Texterarbeitung darstellen.

Alternative Apps

- Kahoot! – Multiple-Choice
- Hot Potatoes
- Learning Snacks

Möglicher Unterrichtsverlauf (Cic. Verr. II 1,66–67)

Einordung des Textabschnitts, Aufbau von Erwartung an den Text, Erschließung des Inhalts über Personen und Wiederholungen mit dem Ziel, den Textinhalt grob zu verstehen. Vor oder parallel zur Übersetzung werden ausgewählte Verbformen mithilfe der App betrachtet. Nach der Übersetzung wird der Textinhalt erläutert und der Text interpretiert.

TIPP Es sollten nicht zu viele Verbformen angeboten werden, damit die Übung nicht ermüdend wird. Ggf. kann die Aufgabe mit einer vorbereitenden Grammatikwiederholung kombiniert werden.

VARIANTE Wortschatz, Stilmittel, Fehlerübersetzungen o. ä.

Maske zur Erstellung der App

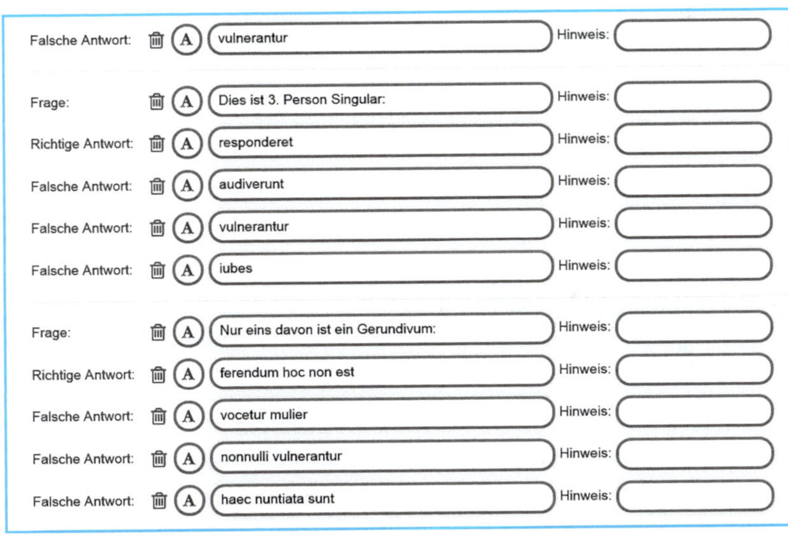

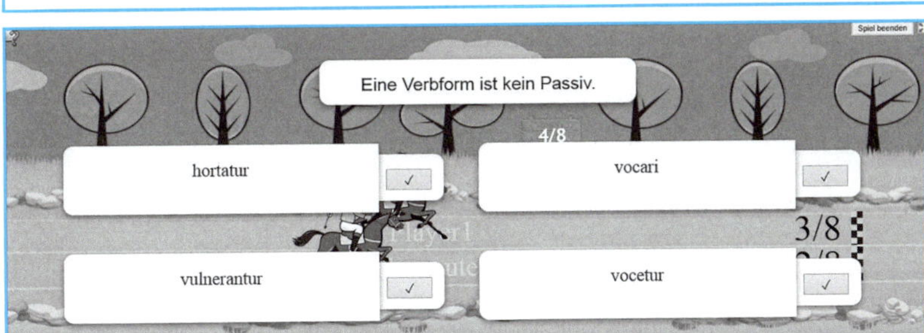

4.1 Arbeitsteilige Übersetzung mit Etherpad

Handlungssituation im Lateinunterricht

Die Schüler*innen haben den Text erschlossen und in sinnvolle Abschnitte gegliedert. Ein erstes globales Textverständnis ist bei allen vorhanden. Jetzt sollen einzelne Passagen genau erschlossen und übersetzt werden, um weitere Fragen zum Textinhalt und seiner Aussage zu beantworten. Dafür bietet sich ein arbeitsteiliges Vorgehen in Kleingruppen (zwei bis drei Personen) an, die jeweils einen Teilabschnitt feindekodieren. Das Problem dabei ist: Wie erhalten die Teilgruppen einen Überblick über den ganzen Text? Wie werden ggf. Thema-Rhema-Bezüge zwischen den Teilabschnitten gewahrt?

Kompetenzen

Fachliche Kompetenzen:

- Übersetzung im Sinnzusammenhang und Übersetzungen abwägen und erörtern

Überfachliche Kompetenzen:

- Kollaboration in der Gruppe und unter Beachtung anderer Gruppenergebnisse

Hinweise zur Software

siehe Seite 9

Vorbereitung

- Der Text muss in Etherpad vorher von der Lehrkraft eingegeben werden.
- Es muss ein digitales Endgerät für jede*n Schüler*in geben: auch wenn nur eine*r schreibt, müssen doch alle sehen, was in ihrer und in den anderen Gruppen geschieht.

Alternative Apps

ZUMPad und Etherpad Lite

Möglicher Unterrichtsverlauf

Die Schüler*innen übersetzen in Gruppen ihren jeweiligen Abschnitt. Sie beobachten dabei den Prozess der anderen Gruppen und berücksichtigen deren Ergebnisse, z. B. die dramatische Vorgeschichte bei der Übersetzung eines Dialoges mit kraftvollen Wörtern.
Geeignet für diese Arbeit sind Texte mit klarer Handlungsprogression oder Perspektivwechsel und Übersetzungseinheiten, die passend zur Arbeitsleistung der Gruppen sind. In der Regel ist Folgendes nicht geeignet: Poesie, beschreibende Texte, argumentierende Texte (Philosophie, Rhetorik). Weil schon während der Gruppenarbeit die Kenntnisnahme der anderen Textabschnitte erfolgt ist, kann die Ergebnispräsentation nach der Fehlerkorrektur schnell in die Phase der Bewertung und Erörterung übergehen.

TIPP Es empfiehlt sich, die Übersetzung mit einer Texterschließung über Etherpad zu verbinden.

VARIANTE Nutzen Sie zwei gleiche, aber voneinander unabhängige Textdateien auf zwei Etherpads. Zwei Gruppen bearbeiten so parallel denselben Textabschnitt, ohne dass sie „abgucken“ können. Vorteil: Die Fehlerkorrektur bei der Präsentation erfolgt durch die Parallelgruppe und nicht nur allein durch die Lehrkraft.

Beispiel

Textbeispiel zu Beginn (Cic. Verr. II 1, 32 ff.)

Gruppe 1
Itaque primum illum actum istius vitae turpissimum et flagitiosissimum praetermittam.

Gruppe 2
Nihil a me de pueritiae suae flagitiis audiet
nihil ex illa impura adulescentia sua;
quae [= adulescentia] qualis fuerit, … etc.

Die ersten Zeilen nach der Bearbeitung

Gruppe 1
Itaque primum illum actum istius vitae turpissimum et flagitiosissimum praetermittam.
Daher übergehe ich jenen ersten Akt dieses Lebens.

Gruppe 2
Nihil a me de pueritiae suae flagitiis audiet
nihil ex illa impura adulescentia sua;
quae [=adulescentia] qualis fuerit,
Nichts wird er hören … etc.

4.2 Übersetzungsgespräch mit Beamer und Computer

Handlungssituation im Lateinunterricht

Zu einem lateinischen Text liegen verschiedene Übersetzungslösungen der Schüler*innen vor. Die Ergebnisse sollen nun verglichen, Fehler besprochen und die Varianz der Lösungen gesichert werden. Eine rein mündliche Kommunikation überfordert die Lerngruppe. Nur die permanente Visualisierung von Übersetzungsvorschlag – Fehlerkritik – Alternativen und Lösungsmöglichkeiten ermöglicht Orientierung für alle und gewährleistet die Sicherung des Richtigen. Daher schreibt der*die Lehrende die Lösungsvorschläge simultan in ein Textverarbeitungsprogramm und visualisiert per Beamer.

Kompetenzen

Fachliche Kompetenzen:

- Übersetzungen analysieren und bezüglich Fehlern, Varianten und besonders gelungener Lösungen würdigen

Überfachliche Kompetenzen:

- Digitale Werkzeuge zum Zusammenführen von Informationen und Ressourcen nutzen

Hinweise zur Software

Grundlage ist ein Textverarbeitungsprogramm (z. B. Microsoft® Word, OpenOffice). Im Prinzip genügt jeder Editor (z. B. ZUMPad). Voraussetzung ist eine schnelle Schreibfähigkeit der Lehrkraft (z. B. durch Zehnfingersystem).

Vorbereitung

- Computer und Präsentationsmedium (z. B. Beamer) müssen abgestimmt sein (passendes Kabel, Screenauflösung etc.)
- Beamer und Computer vorher einschalten (Aufwärmphase!)
- Schriftgröße und Präsentationsrahmen vorher kontrollieren (Lesbarkeit auch aus der letzten Reihe?)

Möglicher Unterrichtsverlauf

Satz- oder abschnittsweise liest ein*e Schüler*in seine*ihre Lösung vor. Die Lehrkraft schreibt simultan mit. Dann fordert sie die Lerngruppe auf, diese Übersetzung zu kommentieren, z. B. Würdigung guter Lösungen, Analyse von Fehlern, Erörterung von Alternativen. Zentrale Stellen werden markiert (z. B. Unterstreichung). Wenn aus der Lerngruppe Argumente für eine bessere Übersetzung kommen, wird der erste Vorschlag korrigiert. Sukzessiv entsteht so eine gemeinsame Übersetzung der gesamten Klasse.

TIPPS

- Es gilt: Konzentration auf das Wesentliche und kleine Fehler en passant korrigieren
- Geben Sie die Gesprächsführung an ausgewählte Schüler*innen ab.
- Nutzen Sie eine mehrspaltige Tabelle für komplexe Diskussionen in der Oberstufe (Übersetzung – Kommentar etc.).

VARIANTE

Die Arbeit gelingt auch mit analogen Medien (Tafel, OHP). Der Vorteil des digitalen Mediums liegt in der Schnelligkeit und Übersichtlichkeit des Ergebnisses, selbst bei komplexer Diskussion.

Beispiel: Cursus Lektion 12

Ausschnitt aus dem lateinischen Text

… Post diluvium nemo ex genere humano restabat praeter Deucalionem et Pyrrham. In monte Parnasso sedebant et etc.

Screenshot „Erste Schülerlösung“ (vom Lehrer mitgeschrieben)

Nach der Sintflut ist niemand übrig vom gebildeten Volk außer Deucalionem und Pyrrham.

Es folgt ein Unterrichtsgespräch. Die Lerngruppe identifiziert Fehler. Es werden Vokabelbedeutungen geklärt

Erster Screenshot aus dem Unterrichtsgespräch

Nach dem Regen ist niemand übrig vom gebildeten Volk außer Deutcalion**em** und Pyrrh**am**

→ humanus = gebildet, menschlich

→ genus = Volk, Geschlecht -resta**bat**

Zweiter Screenshot am Schluss dieser Gesprächssequenz

Nach dem Regen blieb vom Menschengeschlecht niemand übrig außer Deukalion und Pyrrha.

Alternative in modernem Deutsch: Niemand von allen Menschen blieb übrig, außer Deukalion und Pyrrha.

4.3 Übersetzungsvergleich mit LearningApps.org

Handlungssituation im Lateinunterricht

Der Vergleich verschiedener Übersetzungslösungen ist ein wesentliches Ziel des Lateinunterrichts. Grundlage dafür ist, dass die Lernenden die grundlegenden Regeln sicher beherrschen, sodass sie eindeutig zwischen einer falschen und mehreren richtigen Lösungen unterscheiden können. Diese Fähigkeit muss eingeübt und immer wieder trainiert werden, da sonst keine Sicherheit für eine interpretativ-stilistische Übersetzung („treffendes Deutsch", „wirkungsadäquat" etc.) gegeben ist.
Die Methode ist geeignet für semantische und syntaktische Phänomene, die mehrere Lösungsvarianten zulassen, z. B. Monosemierung von Adjektiven, von Verben mit großer Bedeutungsbreite wie „petere", die Übersetzung von satzwertigen Konstruktionen, wie a. c. i., Partizipien, die Wiedergabe des Passiv, Konjunktivs, der Tempora.

Kompetenzen

Fachliche Kompetenzen:

- Sicherung der sprachlichen Grundregeln und Grundbedeutungen
- Übersetzungsvarianten abwägen

Überfachliche Kompetenzen:

- Digitale Werkzeuge im Internet gezielt aufsuchen und zur eigenen Lernkontrolle benutzten

Benutzungshinweise für die Software

Auf LearningApps.org wählen Sie unter „App erstellen" die App „Multiple-Choice-Quiz". Nur hier sind mehrere richtige Lösungen möglich.

Vorbereitung

- Die Lehrkraft hat aus Textauszügen mit dem für den Übersetzungsvergleich gewählten Phänomen (z. B. abl. abs.) eine Übung auf LearningApps.org erstellt.
- Schüler*innen haben ein Arbeitsblatt mit dem kompletten Text. Markiert sind dort die Textauszüge.

Alternative Apps

Multiple-Choice auch bei: Hot Potatos, JQuiz, Kahoot! (nur online), Socrative

Möglicher Unterrichtsverlauf

Ein motivierender, inhaltsbezogener Einstieg führt in den Text, damit die Spracharbeit von einem sinngestützten Leseinteresse geleitet wird. Die Schüler*innen erschließen den Text, z. B. über syntaktische Merkmale, Sachfelder oder die Gliederung. Es folgt eine Visualisierung der Ergebnisse im Plenum, z. B. über Beamer, Activeboard oder OHP.
Vor der Arbeit mit der App muss der Arbeitsauftrag den Übersetzungsschwerpunkt präzisieren. Beispiel: „a) Lies den Text genau. Löse an den markierten Stellen die Übersetzung mithilfe der App. b) Gib am Ende den Inhalt des gesamten Textes mit eigenen Worten wieder."

TIPPS

- Konzentration auf das Wesentliche: Es sollte im Textabschnitt nur um ein sprachliches Phänomen gehen. Der restliche Text sollte einfach sein.
- Bauen Sie bei den Lösungsmöglichkeiten der App keine Spitzfindigkeiten ein. Es sollte klare, deutlich erkennbare Varianten geben.
- Achtung: Die Lösungen sollten nicht als Fließtext eingegeben werden müssen! Jeder Tippfehler verursacht ein falsches Ergebnis und demotiviert die Lernenden.

VARIANTE

Apps, wie „Pferderennen" und „Millionenspiel", bieten nur eine richtige Lösung, sind aber motivierender in der äußeren Form.

Beispiel

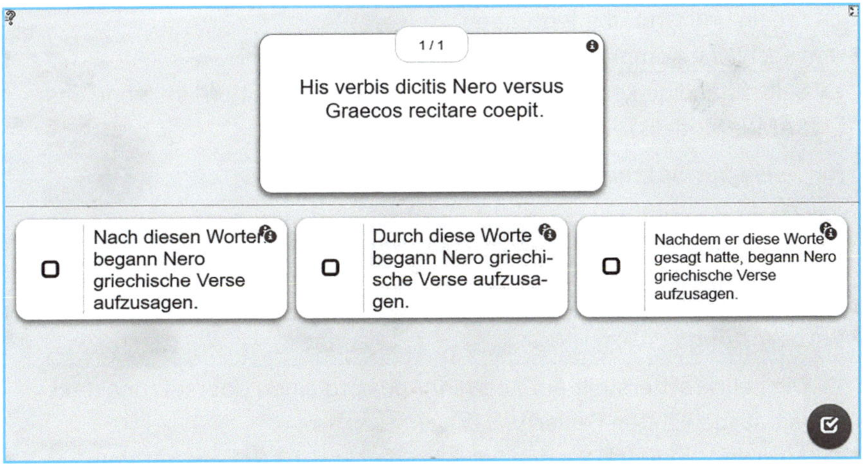

4.4 Übersetzungsfehler finden und korrigieren mit LearningApps.org

Handlungssituation im Lateinunterricht

Typische Unterrichtssituation: Eine Schülerübersetzung wird vorgelesen. Sie ist voller Fehler, aber niemand sagt etwas. Wie kann man Schüler*innen darin bestärken, Fehler zu erkennen und sie zu verbessern? Denn die aktive Auseinandersetzung mit Fehlern hat den höchsten Lerneffekt. Doch gerade schwächere Schüler*innen trauen sich im Unterrichtsgespräch nie, Vermutungen zu äußern und ihre Fehleranalysekompetenz zu trainieren. Hier liegt der Mehrwert der vorgestellten digitalen Lernmethode.
Die Methode ist geeignet für streng regelorientierte semantische und syntaktische Phänomene, z. B. falsche Grundbedeutung (videre – kommen), kardinale Syntaxfehler (Akkusativ als Subjekt) und Verstöße gegen Übersetzungsregeln (PPA mit vorzeitigem Adverbialsatz). Sie ist einsetzbar sowohl bei Einzelsätzen wie Texten. Sie ist ungeeignet für Übersetzungsvarianten.

Kompetenzen

Fachliche Kompetenzen:

- Fehler erkennen und analysieren; Sicherung der sprachlichen Grundregeln und Grundbedeutungen

Überfachliche Kompetenzen:

- Selbstständige Lernkontrolle möglich („Augmentation“ im Sinne des SAMR-Modells)

Hinweise zur Software

Wählen Sie auf LearningApps.org unter „App erstellen“ die App „Markieren im Text“. Tipp: Über das Suchfenster eine der vielen Vorlagen suchen und dann weiter verwenden

Vorbereitung

- Die Lehrkraft erstellt auf LearningApps.org einen Übersetzungstext mit ausgewählten Fehlern.
- Aufgabe: „a) Markiere den Fehler in der App. b) Notiere auf dem Arbeitsblatt, gegen welche Regel verstoßen wurde. c) Notiere dann eine richtige Lösung.“

- Schüler*innen haben ein Arbeitsblatt mit demselben Text in Tabellenform. Hier sollte jeder Satz oder Halbsatz eine eigene Zeile einnehmen. In Spalte zwei und drei tragen die Schüler*innen die Lösungen zu b) und c) ein.

Möglicher Unterrichtsverlauf

Ermöglichen Sie einen motivierenden, inhaltsbezogenen Einstieg in den Text, damit die Spracharbeit von einem sinngestützten Leseinteresse geleitet wird. Anschließend erfolgt eine vorstrukturierende Texterschließung, die zum Schwerpunkt der Fehler hinführt, z. B. Benennung von Subjekt und Prädikat oder Wiederholung bestimmter Wortbedeutungen.

TIPPS

- Konzentration auf das Wesentliche: Integrieren Sie pro Satz/Halbsatz maximal einen Fehler.
- Der Fehler muss eindeutig sein. Bauen Sie keine Spitzfindigkeiten ein. Fragen Sie nur sprachliches Grundwissen ab!

VARIANTE

Spezialisierung über Einzelsätze; notwendig sind dann aber Hinweise auf die jeweilige Fehlerart.

Beispiel

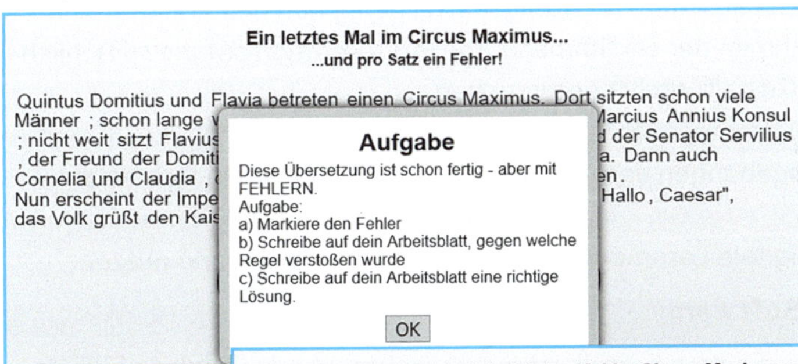

Startbild der App beim Aufruf des Links

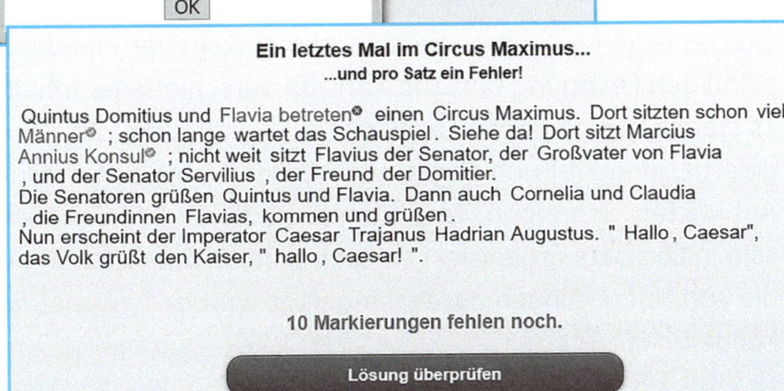

Beispiel aus dem Bearbeitungsprozess

5.1 Sprachlich-stilistische Gestaltungsmittel festigen mit Quizlet

Handlungssituation im Lateinunterricht

Sobald die Schüler*innen in Texten (Originaltexten oder Lehrbuchtexten) stilistischen Gestaltungsmitteln begegnet sind, diese identifiziert und benannt sowie die Wirkung im Zusammenhang mit Textinhalt und Aussageabsicht herausgearbeitet haben, stellt sich im Unterricht die Frage, wie die Nachhaltigkeit dieser Erkenntnisse gesichert werden kann. Sicherlich werden die Stilmittel auch in weiteren Texten vorkommen, sodass sich Gelegenheit zur weiteren Anwendung, Vertiefung und Erweiterung ergibt. Als Zwischenschritt kann es sinnvoll sein, dass die Schüler*innen zunächst die neu erworbenen Kenntnisse selbstständig festigen, wie es auch z. B. bei Vokabeln der Fall ist.

Kompetenzen

Fachliche Kompetenzen:

- Sprachlich-stilistische Gestaltungsmittel benennen und erklären
- Texte im Rahmen der textimmanenten Interpretation auf die sprachlich-stilistische Gestaltung hin untersuchen

Überfachliche Kompetenzen:

- Digitale Umgebungen und Werkzeuge zum persönlichen Gebrauch anpassen
- Effektive digitale Lernmöglichkeiten finden, bewerten und nutzen

Hinweise zur Software

Quizlet ist ein auf einem Karteikartensystem beruhendes Tool zur selbstständigen Festigung und zur Abfrage verschiedener Inhalte.
Es stehen verschiedene Lerntools zur Verfügung, mit denen die Inhalte gelernt, eingeübt und abgefragt werden können (Karteikarten, Lernen, Antworten, Schreiben, Test, Zuordnen, Spiel „Schwerkraft“). Die Inhalte sind in Lernsets organisiert (z. B. „Vokabeln Lehrbuch XY, Lektion XY“), die von Nutzer*innen bereits angelegt wurden bzw. neu angelegt werden können.

Vorbereitung
✍ Textbasierte Erarbeitung der Stilmittel im Unterricht ✍ Erstellung eines Lernsets
Alternative Apps
LearningApps.org, Learning Snacks

Möglicher Unterrichtsverlauf

Im Rahmen der textimmanenten Interpretation eines Textes identifizieren die Schüler*innen verschiedene stilistische Gestaltungsmittel und beschreiben ihre Wirkung, wobei eine enge Anbindung an den jeweiligen Kontext gewährleistet wird. Auf der Grundlage dieser Sammlung erstellt die Lehrkraft ein Lernset, indem sie die Karteikarten z. B. mit dem Fachterminus auf der einen und der Definition mit lateinischem Textbeispiel auf der anderen Seite füllt. Die Schüler*innen erhalten den Zugang zu dem Lernset über einen Link, können es aber auch über den Benutzernamen der Lehrkraft oder den Namen des Lernsets auffinden. Das Üben mit dem Lernset kann in ausgewiesenen Phasen im Unterricht stattfinden oder selbstständig außerhalb des Unterrichts. Im Laufe der Unterrichtsreihe können Sie das Lernset fortlaufend um weitere sprachlich-stilistische Mittel und Beispiele ergänzen.

TIPP Bei der Erstellung des Lernsets sollten lateinische Beispiele aus den aktuell im Unterricht behandelten Texten eingefügt werden.

VARIANTEN

- ✍ Die Schüler*innen erstellen (in Einzel-, Partner- oder Gruppenarbeit) selbst Lernsets, die dann der gesamten Lerngruppe zur Verfügung gestellt werden.
- ✍ Neben Stilmitteln können mit dem Tool auch Vokabeln und Wissensbestände aus dem Bereich der Kulturkompetenz gefestigt werden.

5.2 Charakterisierung mit Padlet

Handlungssituation im Lateinunterricht

Im Rahmen der Interpretation kann eine digitale Pinnwand, z. B. Padlet, dazu genutzt werden, in kooperativen Arbeitsformen Interpretationsergebnisse zu sammeln und zu clustern. Bei vielen Texten bietet es sich an, der Frage nachzugehen, wie Personen und ihre Handlungsweisen im Text dargestellt werden. So kann z. B. die Charakterisierung einer Person und ihres Handelns aus dem Text heraus erarbeitet und mit deutschen Adjektiven oder Adverbien beschrieben werden. Zwischenergebnisse können von den Schüler*innen immer wieder kritisch gesichtet, verändert und kommentiert werden.

Kompetenzen

Fachliche Kompetenzen:

- Lateinische Texte im Rahmen der textimmanenten Interpretation auf vorgegebene Aspekte hin untersuchen

Überfachliche Kompetenzen:

- Digitale Werkzeuge bei der gemeinsamen Erarbeitung von Dokumenten nutzen

Hinweise zur Software

Für eine Charakterisierung bietet sich das Layout „Leinwand" an, die Posts können hier frei angeordnet werden. Auch Bild- und Audiodateien können eingefügt werden.

Vorbereitung

- Erschließung und ggf. Übersetzung
- Sicherung des Textverständnisses

Alternative Apps

ZUMPad

Möglicher Unterrichtsverlauf

Nach der Erschließung und ggf. Übersetzung des Textes oder Textabschnitts erhalten die Schüler*innen den Auftrag, den lateinischen Text auf Aussagen hin zu untersuchen, aus denen eine Charakterisierung einer bestimmten Person und/oder ihres Handelns abgeleitet werden kann. Die Schüler*innen sammeln dann deutsche Begriffe, mit denen sich die Person und/oder das Verhalten beschreiben lassen, tragen sie in das Padlet ein und fügen einen Textbeleg hinzu. Sie sichten auch die Beiträge ihre Mitschüler*innen, nehmen Ergänzungen vor und fügen Verbindungen zwischen den Posts ein. Die Lehrkraft verfolgt die Entstehung des Padlets und kommentiert ggf. die Posts. Die Wahl der Sozialform hängt u. a. von Spezifika der Lerngruppe ab, eine Mischung im Sinne des Think-Pair-Share-Verfahrens ist sinnvoll. So können die Schüler*innen eine erste Untersuchung des Textes in Einzelarbeit vornehmen, sich dann in Partner- oder Gruppenarbeit über ihre Beobachtungen austauschen sowie gemeinsam ihre Einträge in das Padlet vornehmen.

TIPP Posts können von den Schüler*innen auch gelöscht werden; endgültig gelöschte Posts können nicht wiederhergestellt werden.

VARIANTE Auch andere Interpretationsergebnisse können in Form eines Padlets visualisiert werden. Beispielsweise können Leitfragen zur Interpretation gestellt und von den Schüler*innen in einem kooperativen Schreibprozess beantwortet werden.

Beispiel: Charakterisierung Plinius' des Älteren beim Ausbruch des Vesuvs (Plin. epist. 6,16)

In dem Padlet können etwa folgende Adjektive (mit Textbelegen) eingetragen werden (z. B. rund um ein Feld mit dem Satzanfang „Plinius der Ältere wird von seinem Neffen beschrieben als …"):

- gebildet
- wissenschaftlich interessiert
- einflussreich
- zielstrebig
- heldenhaft
- neugierig
- mutig
- furchtlos
- leichtsinnig
- hilfsbereit
- …

5.3 Perspektivwechsel mit Padlet

Handlungssituation im Lateinunterricht

Nach der Erschließung und Übersetzung einer Textpassage oder eines vollständigen Textes können die Schüler*innen einen Perspektivwechsel vornehmen, indem sie über Padlet im Sinne von Blogeinträgen die Gedanken einer der handelnden Personen formulieren. Der kreative Schreibprozess geht mit einer Rollenübernahme einher und beleuchtet das im Text geschilderte Geschehen aus der Sicht der jeweiligen Figur. So kann eine vertiefte Interpretation und eine persönliche Auseinandersetzung mit dem Text stattfinden im Sinne des „Quid ad nos?“. Geeignet sind sowohl Lehrbuch- als auch Originaltexte mit mehreren Protagonist*innen. Besonders bieten sich solche Texte an, die bezogen auf das Handeln und Denken der Figuren Leerstellen aufweisen.

Kompetenzen

Fachliche Kompetenzen:

- Textverständnis vertiefen
- Textinhalte in Bezug zur eigenen Lebenswelt setzen (Quid ad nos?)

Überfachliche Kompetenzen:

- Digitale Werkzeuge bei der gemeinsamen Erarbeitung von Dokumenten nutzen
- Inhalte in verschiedenen Formaten bearbeiten, zusammenführen, präsentieren und veröffentlichen oder teilen

Hinweise zur Software

Für einen Perspektivwechsel ist das Format „Regal“ geeignet, die Spalten können jeweils einer der handelnden Personen zugewiesen werden.

Vorbereitung

- Eine erste Erschließung des Textes
- Vorbereitung des Padlets durch die Lehrkraft (z. B. Wahl des Layouts)

Alternative Apps

Edublogs, WordPress

Möglicher Unterrichtsverlauf

Während oder im Anschluss an Erschließung, Übersetzung und ggf. eine erste textimmanente Interpretation wählen die Schüler*innen eine der Figuren aus dem Text und erhalten den Auftrag, sich in Gruppenarbeit in diese Figur hineinzuversetzen und aus ihrer Perspektive Gedanken zu dem im Text geschilderten Geschehen zu formulieren. Dabei greifen sie auf die durch die Lehrkraft vorbereitete Struktur des Padlets zurück (z. B. Spalten in der Layoutvorlage „Regal") und gestalten diese nach eigenen Vorstellungen weiter. Dies kann lektürebegleitend schrittweise geschehen wie bei Tagebucheinträgen oder mit Blick auf einen bereits vollständig erarbeiteten Text. Die Einträge können durch visuelle oder auditive Medien ergänzt werden. Die Schüler*innen sichten und kommentieren dabei auch die Einträge der anderen Gruppen. Ergebnisse und Prozess werden zwischendurch und als Abschluss im Plenum reflektiert.

TIPP Posts können von Schüler*innen nicht nur erstellt, sondern auch gelöscht werden.

VARIANTE Schüler*innen gestalten ein Padlet mit Interpretationsergebnissen und diskutieren ihre Deutungen in Form von Kommentierungen.

Beispiel: Anordnung möglicher Schülertexte zu „Orpheus und Eurydike" (Ov. met. 10,31–59)

Eurydike	Orpheus	Proserpina	Pluto
Ist es wirklich wahr, kann ich zurück? Ich freue mich so ☺ und kann es gar nicht erwarten! Hoffentlich geht alles gut …	Ich habe es geschafft! Sie lassen mich tatsächlich mit Eurydike von hier weggehen! Da war ich wohl sehr überzeugend …	Ganz schön mutig, dieser Orpheus. Hier einfach auftauchen und uns zu bitten, ihm seine Frau zurückzugeben. Er muss sie wahnsinnig lieben!	Wir werden mal sehen, ob er sich an Regeln halten kann, dieser junge Held hier.
Nicht umdrehen, Orpheus, nicht umdrehen! Wie konnte er nur??? Ist das denn so schwer?	Ist sie denn wirklich noch hinter mir? Ich will sie unbedingt sehen! Wir sind ja gleich da, es kann doch nicht schaden …	Oh nein! Ist er so verliebt oder so dumm?	Wusste ich es doch! Schön gesungen, aber nicht richtig zugehört. NICHT UMDREHEN habe ich gesagt.

5.4 Sachfelder darstellen mit MindMeister

Handlungssituation im Lateinunterricht

Bei vielen Texten bietet die Identifikation von Sachfeldern einen sinnvollen Ansatzpunkt für die Erschließung und/oder Interpretation. Zumeist werden die entsprechenden Begriffe dazu im Text markiert. Eine Systematisierung und übersichtliche, stetig erweiterbare Darstellung kann darüber hinaus mit Hilfe einer Mindmap erreicht werden, die die Schüler*innen selbstständig erstellen.

Kompetenzen

Fachliche Kompetenzen:

- Texte im Hinblick auf Sachfelder analysieren
- Ergebnisse der Erschließung oder Interpretation strukturiert darstellen

Überfachliche Kompetenzen:

- Möglichkeiten des Veröffentlichens und Teilens kennen und nutzen
- Gestaltungsmittel von Medienprodukten kennen, reflektiert anwenden

Hinweise zur Software

Die Software ermöglicht die Auswahl verschiedener Layouts für die Mindmaps. Die Gestaltung (Formen und Farben) kann jederzeit angepasst werden. Über eine Einladungsfunktion bzw. einen Link können Mindmaps geteilt und kooperativ bearbeitet werden. Es gibt zudem eine Kommentarfunktion.

Vorbereitung

- Registrierung
- Bereitstellung digitaler Endgeräte für die Schüler*innen

Alternative Apps

Mind42

Möglicher Unterrichtsverlauf

Die Schüler*innen erhalten im Rahmen der Texterschließung oder Interpretation den Auftrag, den Text auf Sachfelder hin zu untersuchen. Je nach Lernstand können dafür Oberbegriffe vorgegeben werden. Die Schüler*innen markieren die entsprechenden Begriffe im lateinischen Text und erstellen (währenddessen oder im Anschluss) online eine Mindmap zu den Sachfeldern. Dies kann in Einzel-, Partner- oder Gruppenarbeit geschehen. Die Schüler*innen laden die Lehrkraft ein, die Mindmap zu besuchen. Diese kann Kommentare hinterlassen.

TIPP Auch die jeweilige Nutzung der Gestaltungsmöglichkeiten (Formen und Farben) sollte mit den Schüler*innen reflektiert werden.

VARIANTE In der Lehrbuchphase können zu Sachfeldern im Wortschatz der Lektionen Mindmaps erstellt und sukzessive ergänzt werden.

Beispiel: Sachfelder zu Pygmalion (Ov. met. 10,250–297)

Geschenke: munera, conchae, lapillos, volucres …
Küsse: oscula dare, os admovere, ora premere, oscula sentire
Körper: pectus, corpus, manus, digitus …
Berührungen: temptare, admovere, tenere, insidere …

6.1 Klassen-Portfolio zur Res Romanae mit Padlet

Handlungssituation im Lateinunterricht

Wer kennt nicht ein Grundproblem des Lateinunterrichtes: Die Lehrbücher behandeln im dichten Wechsel die unterschiedlichsten Themen (Thermen, Gastmahl, Forum, Sisyphos und Herkules), Methodentage führen zum Referatszirkus in allen Fächern und nahezu täglich wechselt der Unterrichtsraum: Wen wundert's, dass die Schüler*innen wenig behalten und die Res Romanae mit jeder Lektion ein „neues Wunder" sind. Und wenn keine Schule heute mehr über einen Fachraum Latein verfügt (vae victis) – dann muss man ihn halt virtuell erstellen.

Kompetenzen

Fachliche Kompetenzen:

- Sicherung des Wissens zu den Inhalten der Res Romanae und Motivierung der Schüler*innen, sich damit aktiv auseinanderzusetzen

Überfachliche Kompetenzen:

- Kommunizieren und Kooperieren mithilfe digitaler Werkzeuge: Schüler*innen interagieren digital, kollaborieren und teilen. Sie erarbeiten Umgangsregeln mit dem komplexen Werkzeug (im Sinne einer Netiquette) und halten sie ein.

Hinweise zur Software

Padlet ist eine browserbasierte virtuelle Pinnwand, an der die Inhalte (z. B. ein Referatspapier, ein Bild, ein Podcast) auf einer übersichtlichen Oberfläche angeordnet werden können. Man kann die Inhalte verschieben, ändern, kommentieren etc.

Vorbereitung

- Die Lehrkraft erstellt ein Padlet als Administrator*in und vergibt die Rechte an die Nutzer*innen (Schüler*innen).
- Die Lehrkraft gibt die Ordnungsstrukturen für die Materialien vor. Empfehlenswert sind: Alltag, Römische Geschichte, Mythos, Res publica, Cicero und Caesar, Kaiserzeit. Die Liste muss im Laufe der Lernjahre angepasst werden.

Alternative Apps

Lernplattformen (Moodle) oder auch einfache Cloud-Dienste (Google Docs, Microsoft® OneNote) können analog als eine Art digitaler Kartei- und Sammelkasten benutzt werden. Sie sind in der Anwendung jedoch weniger intuitiv und die Anordnung des Materials geschieht ohne die reizvollen Vorschaubilder.

Möglicher Unterrichtseinsatz

Alle Präsentationen und Arbeitsergebnisse (Referate, Gruppenarbeiten, besonders gelungene Hausaufgaben, Erarbeitungen im Unterricht etc.) werden digital auf einem Klassen-Padlet gesammelt. Die Zeit der notdürftig mit Klebeband an der Wand befestigten und nach wenigen Wochen traurig herabhängenden handgemalten Plakate ist vorbei: Die Schüler*innen stellen digitale Präsentationen zum antiken Mythos, einen Podcast zum Sklavenleben, ein Handout zu Cicero gegen Verres und ihr Herkules-Video etc. auf Padlet ein. Dort steht es allen Lernenden zur Verfügung – und kann auch nach Jahren von allen zur Vorbereitung auf die Lektüre oder eine Klassenarbeit abgerufen werden. Ein Padlet ermöglicht höhere Materialdichte als eine Lernplakatsammlung und eine viel symmetrischere Kommunikation – es ist die Stufe der „Modification" des traditionellen Fachraumes.

TIPPS

- Arbeiten Sie mindestens einmal im Monat im Unterricht mit Padlet.
- Schüler*innen lieben die antike Welt oft mehr als die Grammatik.
- Nur die besten Schülerprodukte (z. B. Referat zum Nachleben des Mythos im 21. Jahrhundert) einstellen: Padlet soll eine Auszeichnung sein. Aber berücksichtigen Sie alle Lernenden dabei, sonst gibt es Neider.

VARIANTE

Die Anordnung des Materials kann später auch auf Schüler*innen übertragen werden. Machen Sie Padlet zur Schülersache.

Beispiel: Gliederung eines Padlets

Kategorie	Inhalte
Alltag in Rom	Kurzfilm auf YouTube: „Der Römer-Check – Reportage für Kinder" Darstellungstext aus einem Schulbuch etc.
Römische Geschichte	Microsoft® PowerPoint-Folien zur Exkursion nach Kalkriese Caesar – von der Lehrkraft angefertigte Darstellung etc.
Mythos	Die Römer und die Götterwelt, Schülerreferat Jg. 8
etc.	etc.

6.2 Präsentation mit MySimpleShow

Handlungssituation im Lateinunterricht

Referate werden gerne gehalten – doch die meisten werden lieblos vorgelesen oder sind überladene Microsoft® PowerPoint-Folien. Dabei gibt es so viele Gelegenheiten, in kurzer Zeit das Hintergrundwissen zu den Texten aufzufrischen: Wie lebten Sklaven? Warum misstrauten die Römer der Philosophie? Caesar in Gallien, das Leben einer Matrona etc. – Referate sind für Schüler*innen eine Gelegenheit, Leistungen außerhalb der reinen Spracharbeit zu erbringen. Damit hier keine Langeweile einkehrt, braucht man Varianten für das Präsentationsformat. MySimpleShow zwingt zur Prägnanz in der Darstellung und liefert ein narratives Scaffolding, ein Erzähl-Grundgerüst.

Kompetenzen

Fachliche Kompetenzen:

- Die Bildsprache entstammt überwiegend der Ikonographie und Symbolik des 21. Jahrhunderts; es finden also permanente Übersetzungsprozesse zwischen antiker und moderner Welt statt, die oft auch witzig sein können.

Überfachliche Kompetenzen:

- Ein großer Reiz zur Beschäftigung mit diesem Tool ist die scheinbar automatisch erzeugte Bildsprache.
- Im Umgang damit lernt der*die Nutzer*in die Automatisierungsregeln (Stichwörter, Wiederholungen, Redundanzen, Metaphern) verstehen.
- Dies ist ein erster Schritt zum Verständnis digitaler Algorithmen.

Hinweise zur Software

MySimpleShow ist in der kostenlosen Version eine browserbasierte Software. Man gibt seinen Text in Szenenblätter ein. Das Programm übernimmt es dann, dem Text Bilder zuzuordnen, daraus mehrere Szenen zu erstellen und den Text in Sprache umzusetzen. Jede Computerentscheidung kann dabei manuell geändert werden. Das Video wird dann erstellt und steht online zur Verfügung. Kostenpflichtige Accounts ermöglichen einen Download des Videos und eine breitere Form an Leistungen (Ton, Ikonographie, Layout etc.).

Vorbereitung

- Exemplum docet: Bevor Sie Schüler*innen an das Erstellen eines Lernvideos „heranlassen", sollten Sie mit eigenem guten Beispiel vorangehen.
- Es empfiehlt sich, mindestens einmal mit allen Schüler*innen das Prinzip erprobt und Gütemerkmale für ein Lernvideo erstellt zu haben.

Alternative Apps

Weitere Alternativen zu Microsoft® PowerPoint-Präsentationen sind z. B. EDpuzzle, ActivPresenter Free, Prezi, ThingLink.

Möglicher Unterrichtseinsatz

MySimpleShow gehört in die Gruppe der Erklärvideos. Die Produkte ersetzen kein Referat. Sie leiten aber sehr gut in ein Referat von Schüler*innen oder in einen Lehrervortrag ein. Mindestens genauso viel wie die Zuhörenden lernt der*die Ersteller*in eines Videos, denn die Hauptaussage wird durch Visualisierung erzeugt. Man ist gezwungen, das Wesentliche auf den Punkt zu bringen und anschaulich zu sein. Mediendidaktisch befindet man sich durch diese Technik auf der Stufe der Modifikation.

TIPPS

- Kurze Sätze bilden
- Bildhafte Ausdrücke zulassen
- Für Fachbegriffe die Textfunktion im Video nutzen.
- Ein einfaches Thema wählen, das die Fantasie der Schüler*innen, die ein Video erstellen, anregt (z. B. Gladiatoren, Sklaven, Gallier, Kaiser Caligula). „Die Ständekämpfe" sind dagegen weniger gut geeignet.

Beispiel: Sprechertext

Gesprochen wird der Text. Unterstrichene Wörter werden auch als Bild eingeblendet. Jeder Absatz ist eine eigene Szene.

Wie die Römer denken lernten – griechische Philosophie in Rom

Römische Adelige sind Anführer, Militärs, Gutsbesitzer, manchmal auch Bankiers, immer aber Politiker. Intellektuelle waren sie nicht! Einer der angesehensten Adeligen Roms, Cato der Ältere, war besonders stolz darauf, ein Bauer zu sein.
etc.

6.3 Textkommentare mit QR-Code und Short-Links

Handlungssituation im Lateinunterricht

Sie haben eine herausragend spannende Textstelle zu Caesar gefunden, z. B. die erste Landung in Britannien: Der*die kundige Leser*in sieht dort das ganze dramatische Bild aus wogender See, steiler Küste, Landungsbooten der Römer, bepackten milites und wilden Briten. Schüler*innen sehen nur lateinische Vokabeln: essedariis, naves longas, fundis, sagittis tormentis etc. Sie alle zu erklären ist ermüdend. Ein Bild müsste her – Kopien aus dem Internet? – Neben der Rechteproblematik gibt es auch eine des fehlenden Farbdruckers. Und dann das Problem, dass es viele gute erklärende Seiten im Internet gibt. Die Lösung: Bieten Sie der Lerngruppe die Möglichkeit, selbst über den Wissenszugang zu entscheiden. Die Lehrkraft macht Angebote für die individuelle Informationsrecherche – und führt die Schüler*innen indirekt auf gute Internetseiten zur Antike.

Kompetenzen

Fachliche Kompetenzen:

- Handelnder Umgang mit deklarativem Wissen

Überfachliche Kompetenzen:

- Angeleiteter Umgang mit dem Datenspeicher „Internet"
- QR-Codes sind ein einfacher Zugriff und ermöglichen die Bereitstellung vieler alternativer Materialien zur Förderung eines selbstbestimmten, aber angeleiteten Recherchierens.

Hinweise zur Software

Um QR-Codes zu erstellen, benötigt man einen sogenannten QR-Code-Generator. Im Internet werden dafür viele Varianten angeboten (z. B. goqr.me, CodeTwo, qrcode-generator). Deren Bedienung ist einfach und selbsterklärend: Man ruft die Seite eines QR-Code-Generators auf, fügt dort in ein Feld den gewünschten Internetlink ein und erhält den QR-Code, den man wiederum kopiert und in das gewünschte Dokument einfügt.

Vorbereitung

- QR-Codes können auf Arbeitsblättern entweder neben oder unter den lateinischen Text mit einem Stichwort gesetzt werden.

Oder die Lehrkraft stellt einen Informationspool in der Klasse (Hefter, Plakate etc.) zentral zur Verfügung, in dem ebenfalls Leitfragen oder Stichwörter mit QR-Codes versehen werden.

Alternative Apps

Statt QR-Codes kann man lange Internet-Adressen auch in Shortlinks umwandeln, z. B. mit TinyURL, shortlink. Dies ist immer sinnvoll, wenn nicht mit Smartphones bzw. Tablets (mit QR-Lesefunktion), sondern mit dem Computer bzw. Laptop gearbeitet wird.

Möglicher Unterrichtseinsatz

Nach einem motivierenden Einstieg und einer Texterschließungsphase, in der über semantische Felder das Thema des Textes und über eine syntaktische Analyse der grobe Handlungsstrang geklärt wurden, folgt die individuelle Textarbeit. Jede*r Schüler*in hat ein Textblatt, ein Smartphone (oder Tablet) und ein Lexikon. Als Verstehenshilfe finden sich neben Vokabelangaben auch QR-Codes, die den historischen Kontext verdeutlichen.

TIPP Internetseiten können komplex und unübersichtlich für Schüler*innen sein. Auch ein QR-Code verweist nur auf die Adresse, nicht auf eine bestimmte Seitenstelle. Achten Sie deshalb bei der Auswahl auf eindeutige Seiten.

VARIANTE Das geht auch: Grammatik mit QR-Codes! Die Links können auch für sprachliche Übungen benutzt werden, z. B. als Link zu einer bestimmten LearningApps.org.

Beispiel: Arbeitsblatt zu Caesar, BG 4,24 ff.

At barbari, consilio Romanorum cognito praemisso equitatu et essedariis, quo plerumque genere in proeliis uti consuerunt, reliquis copiis subsecuti […] Quod ubi Caesar animadvertit, naves longas, quarum et species erat barbaris inusitatior et motus ad usum expeditior, paulum removeri ab onerariis navibus et remis incitari … iussit. …

Bild zur Situation:

Platz für QR-Code zum historischen Hintergrund

equitatus: Reiterei
essedarius (hier steht der Shortlink oder QR-Code)
naves longae: (hier steht der Shortlink oder QR-Code)
inusitatus: ungewöhnlich
naves onerariae: (hier steht der Shortlink oder QR-Code)

6.4 Orientierungswissen sichern mit Apps und Moodle

Handlungssituation im Lateinunterricht

Lektion 2 familia, Lektion 9 dann Sklavenstreit und Theaterbesuch: Viele Texte im Lehrbuch setzen ein spezielles historisches Wissen voraus, das bereits früher erworben, dann aber wieder vergessen wurde. Dies gilt noch viel mehr für die Lektürephase, z. B. Caesar, Bellum Gallicum: Rechte eines Provinzstatthalters, Leben als Legionär, Römische Verfassung. Ähnlich sieht es aus bei Ovids Metamorphosen (Götterwelt, Mythos), bei Plinius (Alltagsleben, Philosophie etc.). Das Textverständnis lebt vom Kontext und dieser wiederum von der permanenten Wiederholung, Vertiefung, Einübung.

Kompetenzen

Fachliche Kompetenzen:

- Wiederholung, Einübung und Vertiefung von inhaltsbezogenen Basiskompetenzen der Res Romanae

Überfachliche Kompetenzen:

- Einführung in Formen des E-Learnings und damit erste Erfahrung in einer zentralen Qualifikationsform der späteren Berufs- und Arbeitswelt

Hinweise zur Software

- Die Apps (LearningApps.org etc.) sind selbsterklärend. Es gibt dort viele Beispiele für kleine wissensorientierte Wiederholungsübungen.
- Die Lernplattform „Moodle“ ermöglicht die Einbindung vieler Apps. Auch lassen sich hier eine Vielzahl von Sachtexten hinterlegen sowie Abschlussprüfungen für einzelne Lernabschnitte/Module anlegen. Auf diese Weise kann ein systematischer E-Learning-Kurs entstehen.
- Voraussetzung dafür ist die Installation eines Moodle-Servers an der Schule, in dem die Lerngruppe und die Lehrkraft eingeschrieben sind.

Vorbereitung

- Alle Schüler*innen haben Zugriff auf einen Computer mit Internet.
- Die Lehrkraft hat einzelne Aufgaben oder einen kompletten Lernkurs auf Moodle hinterlegt.

Alternative Apps

Hot Potatoes

Möglicher Unterrichtsverlauf

Üben und Wiederholen gehören in den Unterricht und nicht ausschließlich in den Bereich der Hausaufgaben und der Nachhilfe. Im Lateinunterricht wurde schon immer geübt. Der Unterricht ändert sich aber grundlegend, wenn man neben angeleiteten kurzen Übungsphasen, wie z. B. nach der Einführung der neuen Grammatik, das Üben auch zur selbstverantworteten Aufgabe der Lernenden macht und dafür Zeitressourcen zur Verfügung stellt. Modelle wie Wochenplanarbeit, Freiarbeit oder Daltonplan folgen diesem Konzept. Geben Sie den Lernenden wöchentlich z. B. eine halbe Schulstunde, in der sie selbstständig üben und wiederholen. Die Lernenden benötigen dafür einen Plan mit verpflichtenden und freien Aufgaben. Die Art der Aufgaben und die Inhalte können sie durch die digitalen Apps sehr leicht selbst bestimmen. Die digitale Anwendung motiviert die Schüler*innen zusätzlich. Ein weiterer Schritt auf diesem Weg ist die Ausarbeitung eines Lernkurses auf Moodle, der E-Learning für Schüler*innen möglich macht (Beispiele in: Digitale Medien – Der Altsprachliche Unterricht, Nr. 3/2016, Beiträge von St. Voss und Ch. Reindl). Ein Lernkurs sollte auch von den Res Romanae handeln.

TIPPS Zum Einbetten von LearningApps.org in Moodle einfach eine Suchmaschine befragen oder direkt einen Erklärfilm auf einer bekannten Video-Plattform.

Beispiele für geeignete Wiederholungsthemen

Grundwissen	✍ Grundwissen „berühmte Römer“: Cicero, der beste Freund von Tacitus? – Teste dein Wissen! ✍ Sklav*innen – rechtlos, ehrlos, chancenlos? Ordne die verschiedene Lebensformen in der Sklaverei. ✍ Die Zirkusspiele: Unterhaltung für die Massen? ✍ etc.
Lektürephase (Ovid, Hygin)	✍ Bist du Meister*in der Mythen? ✍ Götterschule – Lernen, ein Gott zu werden. ✍ Heer oder Herd? Welcher Gott ist wofür zuständig? ✍ etc.
Lektürephase (Caesar)	✍ Alles oder nichts – Was durfte ein Provinzstatthalter? ✍ Res publica – eigentlich herrschte nur der Senat? Überprüfe Einschätzung zu den politischen Akteuren. ✍ Die Germanen – nur Barbaren? Beurteile die historische Richtigkeit von Aussagen über die Germanen ✍ etc.

ZUM WEITERLESEN

Überblick auf den Webseiten von Institutionen und Vereinen

- Medienwerkstatt der Lehrerfortbildung-BW – Portal des Zentrums für Schulqualität und Lehrerbildung in Baden-Württemberg
- schule.at – Digitales Schulportal des österreichischen Bundesministeriums für Bildung, Wissenschaft und Forschung
- ZUM.de – Portal der Zentrale für Unterrichtsmedien im Internet e. V.
- e-teaching.org – ein öffentlich gefördertes Informationsportal

Weitere nützliche Webseiten/private Webseiten

- Digitale-Schule.net
- Unterricht-digital – hier besonders das Schlagwort „ONCOO"
- Homepage des TweetUps #BayernEdu – hier die Rubrik „Handouts"

Fachdidaktische Literatur online

- Pegasus-Onlinezeitschrift
- Klassphil.hu-berlin – Institut für Klassische Philologie der Humboldt-Universität zu Berlin, Fachgebiet Didaktik
- Forum-Classicum – Zeitschrift des Deutschen Altphilologenverbandes
- altphilologenverband – Deutscher Altphilologenverband

Webseiten von Nachschlagewerken und lateinischen Texten

- Zeno.org – dort ist die Online-Ausgabe des Georges (Ausgabe von 1913) zu finden
- Thelatinlibrary – alle gängigen lateinischen Texte, allerdings nicht immer die aktuelle kritische Ausgabe
- Kirke.hu-berlin – Katalog der Internetressourcen für die Klassische Philologie

Literaturhinweise

- Der Altsprachliche Unterricht – Digitale Medien 3/2016
  Index zu Der Altsprachliche Unterricht, zusammengestellt vom Lehr- und Forschungsbereich Didaktik der Alten Sprachen (Latein/Griechisch) an der Freien Universität Berlin
- Keip, Marina/Doepner, Thomas (2019): Interaktive Fachdidaktik Latein, 4. verbesserte und erweiterte Auflage, Vandenhoeck & Ruprecht, Kapitel Motivation
- Doepner, Thomas/Keip, Marina/Sucharski, Antje (Hrsg): explora! C. C. Buchner – als Arbeitsheft konzipierte Textausgaben